高杉晋作と久坂玄瑞

Ikeda Satoshi
池田諭

大和書房

まえがき

吉田松陰（一八三〇―五九）が、安政の大獄で刑死になったのは、わずかに、数え年三十才の時であった。

その時、教え子のうち、最年長の前原一誠が二十六才であった外は、入江杉蔵（二十三才）、松浦松洞《まつうらしょうどう》（二十三才）、高杉晋作（二十一才）、久坂玄瑞（二十才）、岡部富太郎（二十才）、山県《やまがた》狂介（有朋《ありとも》、二十才）、吉田栄太郎（十九才）、伊藤俊輔（博文、十九才）、野村和作《わさく》（十八才）、増野徳民《ましのとくみん》（十八才）、品川弥二郎（十七才）、寺島忠三郎（十七才）、有吉熊次郎（十七才）、山田顕義《あきよし》（十六才）、馬島甫仙《まじまほせん》（十六才）、というふうにすべて若かった。今日でいうなら、高校生、大学生の年令である。しかも彼等は、松陰が刑死になる前年から、すでに政治的実践に突入していたのである。

明治維新は、文字通り、この若い人達によってつくられたものである。

そのように、歴史は、常に若い人達のものであり、新しい歴史は、若い人達によってのみつくられるといってもいい。

私は、昨年、『吉田松陰』（大和書房）を書き、つづいて『坂本竜馬』（大和書房）を書いた。今、また、松陰の弟子であり、竜馬の盟友であった人々を書けるのは、私にとって、望外の喜びである。

『吉田松陰』では、

「朝廷も幕府も藩もいらない。ただ、一個の自分があればいい」

といった松陰の立場は、彼が死と交換に到達したものであるということを強調した。それは、まがりなりにも、個の発見であり、個の確立であった。近代的自我というには、あまりにもオーバーな表現であるかもしれないが、それを志向していたことだけはいえる。

『坂本竜馬』では、松陰の死と思想が、土佐藩に勤王党を生み、そのなかで成長した竜馬が、人間の生命の尊さを知って、討幕の拠点としての薩長連合をやってのけ、さらには、討幕の平和路線をしいたことを書いた。

本書もまた、松陰の死と思想の中から、維新期の青年の代表である久坂玄瑞と高杉晋作が限りなく成長したことを述べようとする。しかも、二人は、それぞれに、松陰の思想を理解していくことで、玄瑞は、藩を脱し、藩をこえて、草莽《そうもう》の志士の全国的組織の達成を考え、晋作は晋作で、あくまで、藩に割拠し、藩を手段として、藩を討幕の拠点にすることを考える。

玄瑞と晋作は、松陰から、最も鋭く、彼等なりに学んでいったということがいえよう。

だから、玄瑞が指導したともいわれる元治年間の進発も、世にいわれるように、暴発といえるものでは決してなかった。たしかに、結果的には、真木和泉や来島《きじま》又兵衛にリードされる形になったが、玄瑞にとっては、あくまで、戦略戦術からでたものであった。それまで、世子《せいし》進発に反対していた玄瑞が急に世子進発にかわる。それは、島津久光、松平春獄《しゅんがく》の離宮の間隙をぬって、世子が説得するなら、朝廷の世論を変え得るという確信からきたものであった。たとえ、また戦いをはじめるにしても、世子の本隊が到着し、それと合流してからなすべきであると強調する。しかし、結局大先輩の和泉や又兵衛に押しきられて、ずるずると幕府軍との対決になるが、これが、長州藩を幕府との決定的対決におしやることになる。蛤御門《はまぐりごもん》の戦いがなければ、長州征伐もなかったということがいえよう。長州征伐がなかったら、討幕の過程は、もっともっと違ったもの、それも、ずっと後日になったであろう。

しかも玄瑞は、晋作と意見がわかれたと知るや、「高杉には、あとに残って、大仕事をして貰う」というのである。お互いに、その役割を知っていたということができる。

晋作は、玄瑞の死んだところから活躍を始める。そこには、玄瑞を殺し、晋作を亡命においやった又兵衛や、全国の志士を背景にして意見を述べる和泉はもういない。彼は思う存分に、その能力を発揮すればよいのである。

こうして、晋作は、クーデターを成功に導き、藩論を統一し、藩に割拠して討幕の路線をつきすすむのである。

ただ、残念なことには、玄瑞の路線と、晋作の路線は同時並行的に進まなかった。藩にとじこもろうとする力と、藩をやぶろうとする力とは同時に存在しなくてはならないにもかかわらず、玄瑞の路線が破れ去ってしまって、そのために明治以後、長い間、藩閥に苦しまねばならなくなる。

それはさておき、玄瑞と晋作には、多くの古い思想があった。だが、彼等は、あの当時、あれ以外の如何なる新しい思想で武装することができたであろうか。洋学者、それも一定の年令に達した人たちですら吸収できなかった新しい思想を、彼等に求めることは不可能であろう。

彼等は、そういう恵まれない思想状況の中で、精一杯に考え、行動することによって、まがりなりにも日本を近代的統一国家にしたのである。そのことは、どんなに讃美しても讃美しすぎることはない。

今日もまた、玄瑞や晋作の生きた時代と同じく、歴史の転換期にたっている。その点で青年の時代であるということがいえる。彼等の思想のあとをそのまま追うことは、時代錯誤のそしりをまぬがれないが、彼等が時代を生きて、考え、感じ、行動した如くに、現代を生きて、考え、感じ、行動することは大切なことである。彼等は、多くのことを現代に生きる青年に語りかけている。

玄瑞と晋作は松陰が丹精こめて作った弟子である。その路線ははっきりと違っていた。そのように、二人のタイプが異なっていた。玄瑞は理性の人であり、晋作は感情の人ということがいえよう。この、異なる二人の歩んだ道を可能なかぎり追ってみたいと思う。

なお『吉田松陰』に書いた玄瑞と晋作の部分は、本書でも重複したことをおわびする。二人を独立したものとして書くためには、どうしても欠かせなかったのである。

一九六六年

池田《いけだ》 諭《さとし》

目次

第二部　村塾の理念を実践へ

第一部

松陰に導かれる二つの才能

村塾の竜虎

松陰が推す玄瑞の志気と才覚

安政五年（一八五八）二月、久坂玄瑞は、それまで松下村塾で吉田松陰の指導をうけていたが、いよいよ、江戸に出て勉学することになった。そのとき、師松陰は、玄瑞の壮行を祝して次のような言葉を送った。

「久坂玄瑞は年こそ若いが、志はさかんで気迫も鋭い。しかも、その志気を才で運用する人物である。僕はかねてから、長州藩の若手中では、君を第一流の人物であると、つねに、推奨してきた。今、京都をすぎて江戸にゆこうとしている。

すでに、世の中は大変革する兆候があらわれている。君は僕たち仲間の中心人物である。僕は、君の出発にあたって、君に非常の言葉を贈りたい。

京都や江戸には、この大変革ととりくむ英雄豪傑が多勢いる。故に、君は、彼らと大いに論じて、何をし、何をすべきかをはっきり見定めて、日本のゆくべき道をあきらかにしてほしい。それができないで、僕が第一流の人物と推奨してきた言葉を単なる私見におわらせるようなことがあれば、君は、天下の有志に対して、大いに恥ずべきである」（幽室文稿《ゆうしつぶんこう》）

　そして、玄瑞の友達が、「軽挙妄動するな」とか、「深思熟慮せよ」と、言って、さかんに、激励するのを聞いた松陰は、もう一言、つけ加えずにはいられなかった。

「君は、そんなことはよく知っていようし、また、そんなことはわかりきったことでもある。今の世に不足しているのは果断である。玄瑞よ、今こそ、何をなすべきかをはっきりと見定めるときである」と。（幽室文稿）

吉田松陰（1830～59）
松下村塾を開き、多くの勤皇家を育てた。30才の時、安政の大獄で刑死。（国立国会図書館蔵）

玄瑞も及ばぬ晋作の識見

　その年の七月、高杉晋作が、玄瑞のあとを追うように上京したが、そのとき、松陰は、

「僕は昔、同志の中の年少では、久坂玄瑞の才を第一としていた。その後、高杉晋作を同志として得た。晋作は識

高杉晋作（1839〜67）

久坂玄瑞（1840〜64）

見はあるが、学問はまだ十分に進んでいない。しかし、自由奔放にものを考え、行動することができた。そこで、僕は玄瑞の才と学を推賞して、晋作を抑えるようにした。そのとき、晋作の心ははなはだ不満のようであったが、まもなく、晋作の学業は大いに進み、議論もいよいよすぐれ、皆もそれを認めるようになった。

玄瑞もその頃から、晋作の識見にはとうてい及ばないといって、晋作を推すようになった。晋作も率直に玄瑞の才は当世にくらべるものがないといいはじめ、二人はお互いに学びあうようになった。僕はこの二人の関係をみて、玄瑞の才は気にもとづいたものであり、晋作の識は気から発したものである。二人がお互いに学び合うようになれば、僕はもう何も心配することはないと思ったが、今後、晋作の識見をもって、玄瑞の才を行なっていくならば、できないことはない。

晋作よ、世の中には才のある人は多い。しかし、玄瑞の才だけはどんなことがあっても失ってはならない」（幽室文稿）

と壮行の辞をのべた。松陰の、玄瑞、晋作へのうちこみようというか、信頼と期待の深さがよくにじみでている。

学び求め補いあう二人

晋作から、一才下の玄瑞にあてた手紙にも、
「お手紙を下さらないのは、少々不平です。特別、貴兄にむかって、御追従《おついしょう》の言葉を申しあげるつもりはありませんが、心中では、とても僕など及ばぬ人として、頼むべき人と思い、兄弟の盟をしたいと思っているほどです。ただ、これまで、口にだして申しあげることはしませせなんだが……」

とあって、二人の関係がなみなみではないことをしめしている。

まことに、その後の玄瑞と晋作は、師松陰の信頼と期待にこたえるかのように、お互いに、相求め、相補い、相学びつつ、松下村塾の竜虎として育っていった。

そして、松陰の刑死後は、村塾生の中心となって、村塾生を導き、村塾生の能力を最高度に発揮させせながら、村塾一丸となって、日本を近代的統一国家にしていくための、討幕という仕事をしていった。

近代日本の礎を成す竜虎

二人はその才とその識で、村塾の竜虎であったが、同時に、討幕運動の過程でも、玄瑞が草莽

の志士の全国的組織化という路線をしいたのに対して、晋作が藩を討幕の拠点として形成していく路線をしくことによって、日本の竜虎であった。そしてその二つの路線は、玄瑞の才というか、その理づめの態度から生まれたものであり、晋作の識、即ち、直観的把握から生まれたものでもあった。

しかも、二つの路線は、討幕の過程で、いずれの一つが欠けてもこまるもの、それは、同時に推進していかねばならない路線であった。というのは、藩をうち破ろうとする力と、藩にとじこもろうとする力は平行して作用しなければならないものであったからである。

以下、玄瑞と晋作が、どのように学び、行動し、さらに思索することによって、いかに成長していったか、そして、それぞれ、どのようにして、二つの路線を考えるようになり、その路線を推進していったか、そして、その一つの路線は何故に崩壊していかなければならなかったか、さらに、その崩壊によって、非常に不完全なものをふくみながらも、明治維新の基礎は何故できあがったか、などを見てゆきたいと思う。

兄の遺志を受け継ぐ玄瑞

生命を賭して世につくした兄玄機

玄瑞が生まれたのは、天保十一年（一八四〇）。天保十一年といえば、晋作が生まれた翌年であり、長州藩では村田清風《せいふう》を中心として藩政改革が行なわれた年であり、隣国の中国では、イギリスの攻撃をうけてアヘン戦争がはじまった年である。

父の良迪《りょうてき》は二十五石どりの藩医で、とくに、とりたてていうほどのものはなかったが、兄玄機はなかなかの傑物であったようである。

その玄機は、玄瑞より二十才も年上であり、蘭学者緒方洪庵から、その塾である適々塾《てきてきじゅく》の塾頭に懇望されるほどであった。洪庵といえば、幕末における蘭医学の大家であり、その門下からは、橋本左内、大村益次郎、福沢諭吉、大鳥圭介、佐野常民《つねたみ》、箕作秋坪《みつくりしゅうへい》、長與専齋《ながよせんさい》、池田謙斎《けんさい》たちの俊秀を多数世に送りだしている。

良迪のあとをついで、藩医となった玄機は、藩内の種痘《しゅとう》の実施に貢献したばかりでなく、「新撰海軍砲術論」「新訳小史」「和蘭紀略」など、兵制をはじめ、各方面のオランダ書を数十種にわたって翻訳している。

松陰の師、山田宇右衛門に蘭学を教え、松陰の友人、月性《げっしょう》や中村道太郎とは特に相許した仲である。

嘉永六年から安政元年にかけて、アメリカやロシアの艦が来航し、国内が騒然とした時、毛利藩主は海防策について、玄機に質した。玄機はたまたま、病床にあったが、連日にわたって寝ないで意見を書いてさしだすほどの熱心さであった。熱心というよりは、時勢を心配するあまり、そうしないではいられなかったのであろう。だが、それが原因となって、それから数日をへないで、亡くなっている。玄機とはそういう男である。

肉親との死別の悲しみの中にも心は天下に

玄瑞はこの時、わずかに十五才にすぎなかったが、兄玄機の生きる姿勢に、時勢にとりくむ態度に、深い感動をおぼえたことは想像される。それまでも玄機のかもしだす雰囲気にひたり、それを呼吸していたが、それからの玄瑞は、急速に、兄玄機の姿勢を継承していくようになる。

玄機が亡くなってから、一週間もしないうちに、今度は、父を失った。その前年には、母も亡くしている。十五才の玄瑞は、全くの孤児となったのである。

玄瑞は、その時の悲しみを、後年つぎのように書いている。

「私は母に死にわかれて、人生最初の悲しみを味わった。墓所をはらい清め、香花を供えて、悲しみ、かつ泣いた。詩経に、孔子が親を養おうとする時には親はいないといって悲しんだ歌があるが、私には、この詩をよむことができない。

翌年、十五才のとき、兄がなくなり、その悲しみもかわかぬうちに、父を失った。私はやむなく、家業を継いだが、その時、私は、わが胸の中には、病人をなおす処方でなく、天下の大患を治療する処方があるだけだと誇らしげに語ったものである」

玄瑞には、肉親を失った悲しみも深かったが、それ以上に、心は、天下のことに奪われていた。世の中のために、その生命をささげた兄——。

有志の士を訪ねて九州の旅へ

孤児となった玄瑞は、はじめ二年間こそおとなしくしていたが、十七才になると、もうじっとしていることはできなくなった。早速、九州への旅にでた。

それは、医者の修業というよりも、見聞をひろめるのが目的であった。時代の空気を感じとるのがねらいであった。

時に、安政三年（一八五六）三月である。久留米、柳川、大村、長崎、熊本、中津の各地で、和田逸平、恒遠醒窓《つねとおせいそう》、村上仏山《ぶつざん》などの有志の士の意見をたたいてまわったのである。

玄瑞には、見るもの、聞くもの、すべてに新鮮な感動をおぼえる旅であった。精神が昂揚していくのを実感する旅でもあった。とくに、外国船を見たときの胸のたかまりは、永遠に忘れることができない程に強くきざみこまれた。しかも、熊本で、宮部鼎蔵《ていぞう》からはじめて吉田松陰の名をきかされるのである。

鼎蔵は、松陰が同じく九州旅行をした時知りあった仲で、それから、江戸でともに学び、東北旅行も一緒にした程に、相許した仲である。

血気あふれる書状で初めて松陰と出会う

松陰の名をきいた玄瑞は、九州旅行から帰ると、さっそく、松陰に宛てて手紙を書いた。それは教えを乞うというよりも、自分の抱懐する意見に松陰の賛成を得ようというものであった。それほど、当時の玄瑞は自信満々であったし、また、少壮気鋭の青年でもあったのである。青年というより少年に近かったが。

「日本の国に生まれて、日本の米を食べる。そうすれば、日本人である。それなのに、今の日本といえば、全く情ない。綱紀は乱れ、士風は日に衰えている。しかも、西洋列強は日本の地であばれまわっている。さらに、日本のすきをうかがって、その欲望をのばさんとしている。よろしく、米使を斬って、断固たる態度を示すべきときと思う。貴方はどう思うか」

というものだった。

ちょうどこの時、松陰は、鎖国の禁を犯して、密出国を計画し、失敗して一年余の獄中生活を経て、やっと、父の家に禁固の身になったばかりであった。だが、松陰の時勢を憂うる思いはいよいよさかんになっていた時だけに、玄瑞の手紙をうけとって、大いに喜んだ。玄瑞の兄の玄機のことをきいてはいたが、遂に会うこともなかった人、今その弟から、なかなか、元気のある手紙をうけとったのである。

だからとて、松陰には甘い言葉をかけることはできなかった。彼の言葉は鋭かった。その手紙は懇切であったが、厳しかった。

玄瑞を諌める松陰の返信

「貴方の議論はうきあがっており、思慮は浅い。本当に貴方の心底より出たものとは、到底思えない。

世の中の、悲憤慷慨《こうがい》を装って、その実、自分の名利を求めているものと異ならない。僕は深くこのような文章、このようなタイプの人を憎む。

世の中には、どんな場所でも、どんな人でもなさねばならぬことはあるものである。事を論ずるときは、自分のおかれた場所、自分自身のことからはじめるべきである。これこそ、着実というものである。

貴方は医者である。僕が囚徒の立場から論ずるように、貴方は医者の立場から論ずるべきである。百姓、乞食から医者、囚徒にいたるまで、なすべきことがあるし、なし得ないことはない。

これを論じないで、一足とびに天下の大計を論じても益するところはない。今貴方のために、貴方に従って、死のうとする者は幾人いるか。貴方のために、力を出し、銭をだすものは幾人いるか。聖賢の貴ぶところは、議論ではなくて、事業にある」（安政三年六月二日の手紙）

しかし、松陰のこの言葉は、玄瑞には通じなかったのか、彼は早速、松陰に反駁文《はんばく》を書いた。

「私は、宮部鼎蔵から、貴方が傑物であり、胆力がすわっていると聞いていたが、聞いたのと、実際とは随分違うようである。

貴方は、本当に胆力があるのか。英雄なのか。

私は、全くがっかりした。今こそ、時宗の例にならって、アメリカの使いを斬るときである」

この手紙に対して、松陰はなかなか返事を書かなかった。

やっと、七月十八日になって、返事を書きおくっている。

「歴史の方向を見定め考えぬいてほしい」

「すぐに、貴方の返事を得たが、僕の方から早速返事を書かなかったのは外でもない。貴方は鋭くはあるが、軽々しくてまだ深く思うという姿勢を自分のものにしていない。僕はというと、感情のおもむくまま、思うままを書いて妥協するということがない。これでは本当に貴方を説得することにはならない。だが、手紙をもらってから一ヶ月たった。貴方の思索も熟したと思われる。

よって一言申しあげよう。

時宗が元の使いを斬ったことは、当時としては適切であったが、今日では行うべきではない。貴方がそれをなそうとすることは、時代の違いを考えていないし、時機をあきらかにしていないしるしである。大志をすて、戦略を忘れている結果である。貴方にとって、今一番大事なのは、まず、その志を大にし、その戦略をみがき、時代や時機ということを考えることである。

なによりも大切なことは、まず国内をかためることである。ましてアメリカ、イギリスなどと和親条約を結んだ今、自分の方から、それを断つことは信義を失うことになる。国力をたくわえて、先年の無礼を責めるのはよいが、区々たる時宗の先例にならうことはもってのほかである。

貴方は僕が貴方に望みをたくし、貴方の成長を願っているのを察しないで、相変わらず、空論をつづけている。そのことを僕は大いに惜しんでいる。なるほど、貴方のいうところは滔々《とうとう》としているが、一として、貴方の実践からでたものではないし、すべて空言である。一時の憤激で、その気持を書くような態度はやめて、歴史の方向を見定めて、真に、日本を未来にむかって開発できるように、徹底的に考えぬいてほしい」

わずか十七歳の青年に対して、そんなことには関係しないかのように、松陰は全身全霊をうちこんで返事を書いている。

それが、兵学者であり、教育者である松陰の対人姿勢でもあったが、その時の松陰には、ただ、この若き玄瑞をすぐれた指導者、戦略家に育てあげようとする意欲しかなかったのである。

玄瑞、松陰の弟子となる

だが、結局は今度も玄瑞を説得することはできなかった。七月二十五日、松陰は、ついに、最後の挑戦状をつきつけた。

「お手紙拝見。僕が貴方を空虚粉飾の徒といったのはまちがっていた。貴方が斬ろうとするのには名分がある。今から、外国の使いを斬るようにつとめてほしい。僕は貴方の才略を傍観させていただこう。僕の才略はとうてい貴方におよばない。僕もかつては、アメリカの使いを斬ろうとしたことがあるが、無益であることをさとって止めた。そして、考えたことが、先の手紙に書いたことである。

貴方は貴方の言葉通り、僕と同じようにならないために断固やってほしい。もし、そうでないと、僕は貴方の大言壮語を一層批難するであろう。貴方はなお、僕にむかって反問できるか」

松陰は、ここで、指導者として、変革者として、自分の発言がどんなに重要なものか、自分の発言には、自分の生命をかけて必ず果たさねばならないことを玄瑞の前につきつけたのである。同時に、現状の認識と把握、それにもとづいた戦略戦術が、いかに大切であるかを教えたのである。

さすがの玄瑞も、松陰の内から発する強い言葉、実践と思索に裏づけられた言葉には、たじたじとならざるを得なかった。それからまもなく、松陰のもとに弟子入りをしている。正式に弟子入りする前に師弟となっていたが。

明倫館にあきたらぬ晋作

祖父や父とは似ても似つかぬ性格

晋作が玄瑞よりも一年前の天保十年（一八三九）八月二十日に、萩の菊屋横丁に生まれたことは、すでに述べた。

晋作の父は小忠太といい、百五十石どりの大組に属していた。今でいうなら、さしずめ、中間階級というところであろう。

小忠太は、そういう人にありがちな、勤勉で実直な人であったが、それはそのまま、行動しないことを最上とし、考えないことを最高と思っているような小吏の典型でもあった。

祖父の又兵衛といえば、これまた、父親小忠太に輪をかけたような人物で、時代の流れは極力さけて通ろうとするような人であった。

その点、不羈奔放《ふきほんぽう》、直情径行、時代の空気をまともに受けとめて行動していくような晋作のタイプは、どうみても、家系とは無縁のようである。その意味では、晋作は祖父や父に反発し、それを批判するなかで成長したということもできようが、やはり、時代によって育てられた時代の子ということがいえそうである。

父の陰の声援を受けて

ただ、そうした中にあって、父小忠太は自ら行動はしなかったが、必ずしも凡夫ではなかった。晋作のために、深い理解をもてるだけの父親ではあったようである。小忠太が晋作のために書いた、つぎのような教訓がある。

「人間の修業には、気質の変化ということがある。この一義はまことに大切のことで、すぐれた道理ともいえる。

人間の才気、智恵は、生まれたままで、もはや動かしがたいものという説もあるが、これは全く間違った説で、世の中の才子といわれるような人も、この説のために、一生を誤るようなことが多く、本当に歎《なげ》かわしいことである。

だから、心得のよろしい者は、気質の変化に心を用い、実用の学問を致し、自然に名前を世にあげるように心がけている。

学問は申すに及ばず、弓、馬、剣、槍の武芸に至るまで、一生懸命に修業するなら、誰でも、修業しただけは自分のものとなり、自然に天性の智恵も開け、才気も生いたつものである」

小忠太としては、人間は変化成長するもの、固定したものではないという確信をもっていたようである。だから、小吏的な父親であったが、そして、晋作が松下村塾に行こうとした時、それを表立って許可しなかった父親ではあったが、夜になって、家人の寝しずまるのをみて、こっそりと家をぬけでて村塾に通うのを、見て見ぬふりをするだけの理解はもてたのではあるまいか。

小忠太自身、行動しないのではなく、行動できないのであり、考えたが実行できなかった人であるかもしれない。いってみれば、封建道徳にがんじがらめになり、階級制度の中にしばられている間に、いつか、それが性格とまでなったということができる。案外、家名と禄のために、身動き一つできない自分を反省して、息子の行動に陰ながら声援を送っていたのかもしれない。それでなければ、六畳三間に、四畳半、三畳二間という狭い家に六人の家族（祖父又兵衛夫妻、父小忠太夫妻、晋作と妹）で、毎夜毎夜、家人にわからないように外出できるわけがない。

感情の激しいおばあさん子

晋作はこういう父親の下に育ったが、なんといっても一人息子、まして、あまり丈夫とはいえない子供であったから、わがままに育った。それに、祖父も祖母も健在であったから、おばあさん子として育てられ、なおさらに、わがままで、利かん気な少年に育てられることになったであろう。

それは、感情の豊かな少年というよりも、激しい感情の持主として、理性と感情のアンバランスな少年を育てたということになる。しかし、可愛がられて育った子供は、底抜けに明るい。人を疑うことがない。これらが一緒になって、彼の性格を形づくっていったと考えられる。

剣道ほどに好きになれない勉強

はじめ、晋作は、吉松淳三の塾で習字や読み方の勉強をしたが、ここには、久坂玄瑞も学んでいた。玄瑞がもっぱら、習字や読み方に才能を発揮しているとき、晋作の方は剣道にうちこんでいた。彼は剣客として、世に立とうという気持をもっていたのである。その点、土佐の坂本竜馬が、やはり剣客になろうとしたことと似ている。

晋作十九才の時、やっと明倫館の入舎生になる。それというのも、明倫館に入学した当時、晋作は入舎生、居寮生、舎長へと進級する制度がはじめは気にならず、もっぱら剣道にうちこんでいたが、時がたつにつれて気になりだした。まして、友人が入舎生、居寮生になっていくのががまんならなくなったのである。その結果が猛勉になってあらわれた。晋作の利かん気が発揮されたのである。彼の負けん気といってもよかろう。だが、入舎生となるほどに勉強はしてみたものの、それは剣道ほどに楽しいものではなかった。剣道にも一定の型というものがあったが、それはあくまで自由であり、自分自身であることができた。それ故に、のびのびとできた。

しかし、明倫館の教育は、いたずらに訓詁のみを重んじて、教材の棒読み、棒暗記を一歩もでなかった。全く無味乾燥で、面白くなかった。晋作は、ようやく、その勉強のしかたに不満をおぼえてきた。彼のような、生き生きとした、元気一杯の青年には、明倫館の形式的で現状維持的空気ががまんならないのは当然である。

村塾を知って勉強の楽しさを覚える

当時、明倫館は拡充され、その教育は刷新されたといっても、つまるところは、枠の中にはまった藩が経営する学校である。

玄瑞は、その頃の明倫館を批評して、

「明倫館の衰えが、今日ほどひどいことはない。全くあさはかで、生徒は軽々しい交際しかしない。朝に集まって一緒に飲んでいるかと思うと、夕方にはそしりあっている。いまだかつて、道理をまともに追究しているという風を見たことがない。これでは、もう、学校を再興することはできないばかりか、その中にあっては、自然に退歩するだけである」

といっている。

玄瑞は、明倫館の中の博習堂（洋学教授の機関）に学んでいたが、それだけでは満足できないで、松陰の指導を受けていたのである。晋作も、おくればせながら、明倫館の教育にあきたらなくなったのである。

加えて、父親の小忠太は、日夜、

「おとなしくしろ」

と言うし、祖父の又兵衛までが、

「父親にめいわくをかけないように」

と、しつこく言う。

晋作にとっては、やりきれないことばかりである。

そんな彼のところに、自然、師弟同学で、活気にあふれている松下村塾のことが伝わってきた。晋作はなんとかして、村塾に行ってみたいと思った。だが、先にも書いた通り、父親は許さない。こうして、晋作が毎夜、こっそりと家をぬけでて、三キロはなれた村塾に通う生活がはじまったのである。通ってみて、彼は驚いた。

村塾の雰囲気は明倫館とは全く違っていた。塾生は生き生きと自分の全身で学んでおり、松陰の講義は訓詁の正確さに終らないで、その意味や価値を論じ、さらに、その時代に生きる者の立場から、つねに、何を為すべきか、何を為しうるかを情熱的に述べていた。

晋作には、村塾に通うことが楽しくてたまらなかった。これまで、主として義務的にしか勉強しなかったのが、それからは勉強そのものが面白く、興味がわいてきたのである。

頑固な晋作を活かそうとする松陰

喜んだのは松陰である。自分が求めていた弟子の条件に、晋作はピックリとはまっていたからである。

だから松陰の晋作に対する教育は一層、意欲的なものであった。つい、力のこもったものになった。ことに、その教育で、注意した点は次の二つである。

一つは、晋作の頑固で強引な性質をどのように育てるかということである。その頑固さは、変に育てば、頑迷固陋《がんめいころう》になりかねなかった。常識的にも、頑固な性質を長所と見る者はいない。松陰の兵学門下生であり、晋作の先輩格にあたる桂小五郎（木戸孝允）も心配するほどの頑固な性質であった。そのため、小五郎は松陰に、

「他人の言葉を聴かなくなるのではないか」

と語り、晋作に忠告するよう求めている。

だが、松陰はそう考えなかった。むしろ、頑質は大事業をなす者にはなくてはならぬものと思えた。といっても、放置したわけではなかった。小五郎の指摘をきっかけとして、松陰は、野山獄から江戸遊学中の晋作に、このことについて小五郎と話しあったことを告げ、小五郎に、

「僕はこれまで、高杉の頑固な性質について、高杉に語ることはもちろん、その頑固な性質を矯正しようとしたことはない。その頑固な性質を矯《た》めようとすれば、人間が中途半端になるばかりか、むしろ、後日、大事業をなすのに是非とも必要な強烈な意志力を失うことになる。高杉は十年後にこそ、大をなす人間である。これから学問していけば、たとえ、人の言をいれないようなことがあっても、その言を捨てるようなことはあるまい。僕が十年後、何かをする時には、必ず高杉と謀議する」

と答えたと報告し、はじめて、この問題を晋作自身の問題として考えるようにつきつけたので

ある。

松陰はそれを晋作の長所としなければならぬと考えたのである。そのために、一年以上も、じっと、それをみつめていたのである。

これをきいて、晋作が深く考えたことは間違いない。

識見と気迫をゆがめぬ配慮

今一つは群をぬいた晋作の識見、気迫であった。それをゆがめないで育てることである。つまり、自惚れや自信過剰にならないように育てなくてはならない。しかも、識見、気迫それ自体は、学問や理性とは無関係なものでありながら、学問や理性の裏づけを得ないときは方向をあやまり、単なる乱暴者になる可能性が十分にあった。だから、晋作の識見、気迫を誰かの識見、気迫と拮抗させ、学問や理性の裏づけを得るようにして、どちらもだめにしないようにする必要があった。

そこで、松陰が考えたのは、冒頭に述べたように、玄瑞を配することであった。

玄瑞は、晋作と違って、頑質もなく、人に親しまれる人柄である。それに、どちらかといえば、学問にすぐれ、理性にかったところがある。玄瑞のためにもなる。二人が切磋琢磨しあうなら、二人はどんどん、大きく成長していくだろうということが想像できた。

このように、松陰は、短所になる可能性のあるものも、それを長所に、それも、すぐれた長所にせずにはおかないような人であったのである。

村塾時代

自分で感じ考えたことが真に役立つ

玄瑞が、直接に村塾で松陰の指導を受けたのは、十七才から十九才までであるが、その間、松陰は徹底して、自分で考え、自分で選択することを玄瑞に求めた。

誰かが考え、言ったことを、そのままうのみにしたり、自分の意見として主張することを極端に戒めた。それはすでに、北条時宗の亜流になることを戒めたことでもあきらかであるが、その態度は、終始、徹底して変わることがなかった。それというのも、時代の変革を指導する革命家として行動する場合、非常な困難にぶつかった時、自分で本当に考え、感じたものだけが役にたち、それだけを自信をもって断固として実行できること、そして、そういう者に対して、多くの人達は、信頼して共に歩むものであることを、松陰自身よく知っていたからである。

松陰は、頭でっかちというか、頭の中だけを通って、身体全体をまわって出てこないような意見を信じなかった。信じられなかった。意見は、あくまでその人の心情的裏づけが必要であったし、そういう意見だけが信用できた。
玄瑞にあてた、つぎのような手紙もある。
「口羽君の書、くりかえし熟読されたことは、感服の至りです。しかし、一、二、私の意見を申しのべます。取捨は君の勝手で、君が考えたところに従っていいのですが……」（安政四年三月十六日の手紙）
松陰は、あくまで、自分で考えることを求めたのである。しかも、
「学問は日に新たなる性格をもつもの、有志の人は、三日も別れていれば、刮目しなくてはならないだろう」（幽室文稿）
といって、刻苦勉励することをすすめる。松陰にとっては、むずかしいと嘆いている間に、刻苦勉励すればよかったのである。そうすれば、成就しないものはないという考えである。

めざましく成長していく二人

玄瑞は、すでにこの頃から、塾全体を考える姿勢をもっていたと見えて、南亀五郎にあてた手紙には、つぎのようなことを書いている。

「村塾では、これから、大いに教え導いてゆかねばならない者が沢山いる。松陰先生一人の力ではおよばぬところは私達がやらねばならぬ。そうすれば、塾になまけるという風が入ってくる余地はない。塾生はそろって、英器となることうけあいである」

玄瑞が師松陰の教えをまもって、ぐんぐん成長しただろうことが想像される。

晋作も例外ではなかった。おくれて入塾したとはいえ、学問する意味や価値を知った晋作であり、学び究めることの喜びを知った晋作である。彼もまた、めざましい進歩をとげていく。

安政五年二月十二日、松陰は晋作にあたえた文章に、つぎのように書いている。

「僕が貴方と交際するのは、いたずらに読書を習うためでなく、国家のために大計をたてんためである。君は思慮が周密で、僕は大いに期待し、倚り所にしていた。……先日も僕のために忠告してくれた。そういうことは一度だけではない。これからも、深く考え、熟慮して、国家の大計を建てる上で、大いに得るところがあってほしい」（幽室文稿）

どんなことを忠告したのかわからないが、松陰のために、大変参考になるようなことを晋作がいったと考えられる。

それを裏づけるように、晋作も松陰に、

「今日、議論多くして、読書はなはだ少なし」（三月四日の手紙）

と書いている。読書と議論の平行を志していたのがよくわかる。

だが、模倣は、とことん、否定した松陰である。晋作が、頼山陽の詩文をまねたとき、なかなかうまいとほめながら、その姿勢をきびしく戒めている。独創性しか、自分自身に即した独創性しか、松陰には認められなかったのであろう。また、それこそが、教育であるとも考えていたのである。

村塾に学んだ情熱の若者たち

それに、塾全体の空気も玄瑞や晋作の勉学を大いに助けたにちがいない。安政三年から安政五年にかけて、村塾に出入りした者の主な名前をあげると、

前原一誠（大組四七石）、岡部富太郎（大組四〇石）、高杉晋作（大組　五〇石）、寺島忠三郎（無給通《むきゅうどおり》七〇石）、有吉熊次郎（無給通二一石二斗）、福原又四郎（大組八二石）、久坂玄瑞（寺社組二五石）、入江杉蔵（足軽）、吉田栄太郎（足軽）、品川弥二郎（足軽）、野村和作（足軽）、伊藤俊輔（中間）、山県狂介（中間）、松浦松洞（町人）たちで、大体、武士階級の中以下、武士とはいえない者達であった。なかには、栄太郎がつれてきた溝三郎、市之進、音三郎というチンピラまでいた。

しかし、彼等は、時代と学問への情熱に魅せられて、家柄や身分に関係なく、裸の人間としてぶつかりあっていたといえよう。立身出世主義の奴となっていたものもあろうが、それは、松陰が許さなかった。だから、松陰が生き、松陰のあるところでは、その意識はあからさまになることはなかった。彼等は一様に小さな革命家として育てられていたのである。時代の変革のために生命を喜んでさしだす革命家として育てられていたのである。

松陰は、彼等を一度も弟子とみたことはない。彼等は同志であり、自身も同じ道を追究し、歩む仲間とみていた。

師弟ともにキセルを折って学ぶ意気ごみ

当時、塾の活気にみちた様子は次の話でもよくわかる。

安政四年九月三日、松陰はたまたま富永有隣を相手に士論を論じはじめた。そばには、塾生がその話をきいている。話がたまたま、塾生の一人岸田多門の喫煙のことになった。松陰は憂いのあまり、顔をくもらせてしまう。誰一人、口をきく者はいない。やっと、吉田栄太郎は座の空気をやぶるようにきっぱりと発言した。

「僕は只今から禁煙する」

そういいながら、栄太郎は自分のキセルを折ってしまった。すると、他の塾生たちも栄太郎にならってキセルを折った。

先生格の有隣まで、

「君たちはキセルを折るぐらいの覚悟で学んでいる。師たる私が、どうして折らないでいられようう」

と、これまた、キセルを折ってしまった。

松陰が一時の感情でそんなことをしないようにというと、

「先生は僕達の言葉を疑われるのか。僕達は多門のためにでなく、僕達自身のためにやめるのです」

と、松陰にくってかかる有様であった。

十六才の品川弥二郎を友として叱る松陰

松陰も塾生に厳しいというか、非常に求めることが高かった。品川弥二郎の父が一代限りの士分にとりたてられて、弥二郎が塾を休んだ時、「お前の家では、祝い客が集まって、飲みくいの大騒ぎをしているのであろう。そのために、お前まで、それにまきこまれているのだろう。しかし、今日は国家危急のとき、酒など飲んでいる場合ではない」

と叱咤した。

弥二郎が、またも、塾を休んだときには、

「お前は年こそ若く、学問も未熟だが、その才は得がたいものをもっている。僕はお前の成長を期待していた。それなのに、休むとは何事か。時勢が切迫して恐くなったのか。僕の意見に同意できなくなったのか。三日すぎてもこないようなら、お前はもう僕の友でない。去るなら去れ」

と厳しく追及する。弥二郎が十六才の時である。

これでは、塾が活気を帯びるのも不思議ではない。生き生きしなければどうかしているといえよう。

「晋作の学問は急に進み議論は卓越し……」

有隣が、その後再び煙草を吸いだすのを見た晋作は、

「有隣は節をまげて、煙草を吸いはじめた。他の事も、おして知るべしである」（幽室文稿）

といって、有隣を再び認めようとしなかった。この有隣は、松陰が獄中で知りあって、出獄後、村塾の師として招いたものだが、後、松陰が江戸に護送された頃に、村塾から姿をくらました。

晋作としては、自分の発言には、どこまでも責任をとらなくてはならぬという考えである。松陰の教育が実ってきたともいうべきか。

こうして、ついに晋作もまた、松陰が名実ともに認めることのできる人物に育っていったのである。

松陰は、

「いまだ、いく月もたたないのに、晋作の学問は急に進み、議論はますます卓越している。そのため、塾生はみな晋作に一目おくようになった。私も、事を論ずるたびに、大抵晋作の意見をひきあいにだして、結論をだすようになった」（幽室文稿）

と評価している。

松陰には、玄瑞や晋作たちの成長がなによりも嬉しかったことであろう。自分は禁固の身として、何もなすことができないと思えばこそ、自分に代わって自分と同程度に考え、行動してくれ

る人間が育ちつつあることはなんともいえず心強かったのである。

学びながら行動する

開国、鎖国をめぐって議論沸騰

玄瑞が江戸にむかって出発したのは、安政五年（一八五八）二月、十九才のときであり、晋作は、それより五ヶ月おくれて、七月に山口を出発した。二十才のときである。

もうその頃には、江戸では開国か鎖国かをめぐって、世論は真二つに分かれていた。

「日本はどうすべきか、西洋列強の侵略をどう防ぐべきか」

難問はいくつも横たわっていた。こうした情勢のなかで、わずかに、幕府は、諸侯の意見をきいたが、諸藩士には、日本の政治について論ずることを禁止していた。政治は、あくまでも幕府の独占物であったのである。

だが、諸侯に意見をきいたことで、諸藩士のなかの心ある者も、急速に、海防議論をするようになっていった。限られた諸侯を除いて、多くの藩侯は、意見らしい意見をもちあわせなかったからである。加えて、民間の儒学者、洋学者、国学者も、自然、論議が海防に集中したし、西洋列強の制圧を前に、国内の体制をどうするかということは焦眉の問題であった。それに、これまでの長い歴史の間に、日本が外国の侵略にさらされるということも、ほとんどなかったことである。論議がさかんになるのも無理はなかった。だからこそ、松陰は、玄瑞にむかって、

「天下の有識者と十分に論議して、日本の進路をあきらかにすると同時に、人々は何をなすべきか、何をなしうるかを考えてほしい」

という質問をつきつけることにもなったのである。

松陰、桂小五郎らに玄瑞の後見を依頼

桂小五郎（木戸孝允）（1833〜77）
薩長連合に活躍。新政府創建の功労者でもある。（国立国会図書館蔵）

松陰としては、自分が動けぬ以上、自分に代わって、門人たちが、自分の耳目となり、現状を正確に認識することが必要であった。それには、まず正確に見、観察することである。調査することである。

すでに、玄瑞に先だって松洞が上京し、栄太郎が上京しているとはいえ、松洞は本来画家志望の青年であるし、栄太郎は家が貧しくて使い走りをしている身で、思うようにはいかない。その点、玄瑞は、塾生のなかでも、とくに優れている上に、

自由な立場にある。松陰が玄瑞に期待したのは、当然である。玄瑞を送りだすと、早速、江戸にいる桂小五郎や長原武にむかって、玄瑞をたのむという手紙を出した。

小五郎は、松陰の明倫館教授時代の教え子で、明倫館きっての秀才、松陰は学問と気迫に劣ると考えていたが、なかなかの人物であった。武は、大垣藩士竹中図書の家来で、松陰とは、山鹿素水の塾で机をならべて学んだ間柄である。彼等なら、玄瑞を親身になって世話してくれると思えたのである。

玄瑞、江戸に向けて出発

「今日、天下の勢いは家老ももとより見るところである。幕府は気迫を欠き、外国に応接することばかりに気をとられて、外国の侮辱を受けてしまった。外国はこれにつけこんで、ますますその隙をうかがおうとし、幕府は、反対にいよいよ意気消沈している。きけば、アメリカの使いは、ごうまん無礼に、〝私達は、日本が他国のために侵略されたことを心配して、敢えて、百里の海険をこえてきたのである。外国との交渉はすべて、これを自分達にまかされよ〟と言ったという。その狡猾なることはいうに耐えないほどである。

我に降れといわないまでも、その意はあきらかである。それなのに、幕府は米使を厚くもてなしている。慨嘆《がいたん》にたえない。思うに、日本は防長二国よりおこるであろう。防長二国がおこるのは、家老からである。藩主に幕府を諫争《かんそう》するようにするのは貴方の責任である。列藩みな、幕府をおそれて、黙っているとはとんでもないことである。

私は、今、唐突に書を上げるが、この意をよく理解してほしい」

という一書を、家老益田弾正にさしだしてから、玄瑞は萩を出発した。

村塾に学ぶ者の気概に満ちた手紙の往復

途中、倉敷の森田節斎を訪ねた。節斎は頼山陽に学んだ学者で、松陰も彼のもとにしばらく滞在したことがあった。玄瑞は節斎に会ったあと、村塾にいる富永有隣のところに、

「僕は道を中国にとり、平日、耳にしたところの文人たちの門を叩いた。しかし、一見して驚くような人物はいなかった。そこで思うには、文人は得がたいことはない。ただ、独立不羈《どくりつふき》の気概ある人物が少ないということである」

と書き送っている。そして、その数少ない人物の中に入る人として、大和郡山の藩士安元杜預《やすもととよ》蔵《ぞう》と福山藩士山岡八十郎を得たが、ともに、もうこの世の人ではないから、会うこともできず、残念であると歎いている。二人は、ともに、外交問題で憤死した男である。

東行中の玄瑞を追っかけるように、松陰は、思いついた事をつぎつぎと書き送る。

「京都の様子はどうかと至極心配している。江戸についたら、よくよく桂と談じたまえ。江幡五郎、桜任蔵《じんぞう》、長原武などに添書を書かなかったが、吉田栄太郎（村塾生）に相談すれば紹介してくれよう。松洞もすでに江戸にいるはず。力をあわせて時勢の動きを観察し、世子定広侯に知ら

せ、すぐれた言行の人がいたら松洞に描かせ、君が伝を書いて、これも定広侯に見せ、侯の眼をさまさせるようにしてほしい」(二月二十八日の手紙)

玄瑞も、京都から松蔭にあてて手紙を書く。相変わらず元気一杯の内容である。長井雅楽が東行の途中、京都にたちよらなかったことをあきたらなく思う文字も見える。雅楽といえば、後に航海遠略策を提唱した男で、その時、玄瑞と鋭く対立した男、長州藩では、吉田松陰と並び称された傑物であった。

頑迷固陋の公卿と弱体化した朝廷

その頃の京都といえば、一月十六日に妥結した日米通商条約を調印するばかりとなって、老中堀田正睦が上京して、京都朝廷の勅許を得ようと公卿工作をつづけている真最中であった。堀田は、そのために、七千両という大金を賄賂につかう程に、すさまじいものであった。

越前の橋本左内も、条約調印の勅許がおりるよう朝廷工作をするために上京していたが、公卿の頑迷固陋にほとほと手をやいていた。

「朝廷の制度は、全く古い制度ばかりで、昔になかったことは何もやれない。政権が朝廷に帰したら、たちまち外国のために征服されてしまおう」(中根への手紙)

「天子や公卿のように優柔不断では、日本はますます衰退していくほかあるまい」(福井藩への手紙)

玄瑞も、当時の京都の様子を耳にし、

「鷹司政道が賄賂をうけとった」

というようなことを書いている。彼は丹念に一つ一つと観察していった。

梅田雲浜と京都の情勢にひかれる玄瑞

玄瑞としては、かつて、

「時宗の故事にならって、アメリカの使いを斬るべし」

と唱えて、松陰にいましめられたとはいえ、西洋列強の狼藉は断固として排除しなくてはならないという意見は少しも変わっていない。

それに、松陰からは、

「大阪にては大久保要を訪ねよ。京都では水戸の鵜飼吉左衛門、さらに梅田雲浜、梁川星巌《やながわせいがん》を訪え《おとな》。星巌はよく公卿も知っている。町奉行の浅野、河路などを書生顔して尋ねるのも面白い。幕府の役人はさすがに大器な面をそなえている」

梅田雲浜（1816〜59）
小浜藩出身の志士。安政の大獄に連座して獄死。（国立国会図書館蔵）

といってくる。

自然、攘夷派の巨頭梅田雲浜などを訪ねて、意見もきくことになった。雲浜はすぐれたアジテーターであり、理論家である。彼はぐんぐん雲浜にひきいれられていった。雲浜の思想や行動のすべてを吸収しつくすかのように。

十九才の青年玄瑞が、師松陰とは違ったタイプの人間に接して、情熱のかぎりを燃やしたとても不思議ではない。まして、京都は今や江戸とならんで、政治の舞台として、当時の中心課題である条約勅許と将軍継嗣《けいし》の問題が最も鋭く論じられ、それをめぐって激しい攻防がつづけられている時である。

「京都にとどまって、しばらく情況をみてみたい」

と書くほどに、京都の雰囲気に魅せられてしまったのである。

諸国の志士の中心人物、雲浜と星巌

雲浜といえば、小浜藩士の子として生まれ、京都に出て、若林強斎《きょうさい》、山口菅山《かんざん》に学んで、後、外交策について、あまりにもしばしば上書するということで、遂に士籍をけずられた人物である。以後は、ずっと京都に住んで、今日の政治の行詰まりを打開するためには幕藩体制を廃して、天皇を中心とした統一国家にするしかないということを強調し、自ら、その実現のために行動している雄である。京都と山口の物産交流のために、萩にきたこともある。気力、学識ともに充実する四十四才という年令である。

星巌は、豪農出身の詩人で学者であった。外圧の危機を前にして、得意の詩で、諸国の志士を奮いたたせていた。当時六十九才で、諸国の志士の中心ともいえた。

玄瑞に刺激されて江戸遊学を急ぐ晋作

一方、京都における玄瑞の様子を萩に残っていた晋作はひどく気にし、松陰に手紙を書くたびに、

「玄瑞君より、手紙がきましたか。きたら、ぜひ、送って下さい」

とか、

「玄瑞君の手紙がきたそうで、大いに喜んでいます。明日にでも送って下さい」

と書いている。

玄瑞の手紙を読んだ晋作は、四月十三日に松蔭にあてて、次のように手紙を記している。

「玄瑞君はますます慷慨、大阪より京都にいたったのは大変に愉快です。京都の事は喜ぶべきでもありますが、また心配でもあります。実に、日本の安危はここに決まります。有志の士は机にむいて書を読んでいる時ではありません。

玄瑞君は形は医者でも、心は大丈夫です。京都で活躍するのは、最も適していると思います。僕の遊学の件もよろしくお願いします」

晋作としては、もう、玄瑞の活躍を指をくわえてみているという気にはなれなかった。玄瑞の手紙が大いに彼を刺激したともいえる。

この頃から、さかんに江戸遊学を父にたのみ、その周旋を松陰にたのんでいる。

玄瑞は江戸に到着し松陰は「愚論」を献上

だが、玄瑞とて、いつまでも京都にとどまることは許されない。江戸遊学の許可を得て、江戸にのぼる途中である。しかたなく、京都に思いを残しながら、京都をたち、江戸に向かった。

江戸についたのが四月七日である。

五月には、吉田松陰が、梁川星巌の手を経て「愚論」を、六月には、さらに「続愚論」を朝廷にさし出した。それには、

「鎖国論は一時は無事に見えるけれども、姑息の徒が喜ぶだけで、決して、国家の大計とはいえない。どうか、大艦を作り、皆が各国に行って、智見をひらき、富国強兵の策をたててほしい。アメリカが戦争を以て、私達を恐れさせているようであるが、それは嘘である」

とあった。まさかこの時の松陰に、アメリカでは南北戦争が始まる三年前で、日本を攻めてくることができないほどにその国内矛盾に苦しんでいたということがわかるわけもないが、兵学者の眼から見て、松陰は、日本が断固たる態度をとり、国内の世論が一本にまとまるなら、戦争にはならないと考えていたのである。

もちろん、松陰は玄瑞に、「愚論」を提出したことを知らせるとともに、塾生である岡部富太郎、有吉熊次郎、木梨平之進、天野清三郎、伊藤俊輔（博文）などの勤勉ぶりも彼に報告している。

井伊大老、条約調印と将軍継嗣を独断で行なう

六月になるといよいよ情勢は逼迫してきた。四月二十三日、大老に就任したばかりの井伊直弼が、六月十九日になると京都朝廷の許可を得ないままに日米通商条約を調印してしまったのである。そのため六月二十四日には、調印に反対する水戸斉昭、徳川慶勝、松平春獄などが不時登城して、大老井伊を難詰する一幕もあった。

だが、非常の覚悟を以て、この難局にあたろうとしていた井伊は、敢然とそれを受けてたったのである。

その翌日には、二十二才の一橋慶喜にするか、わずか十三才になったばかりの徳川家茂にするかで長いこともめていた将軍の後継者問題を、大老の職権で家茂に決定してしまった。そればかりではない。七月五日には、不時登城の罪を問うて、斉昭を謹慎、慶勝、春獄を隠居謹慎の処分にしてしまったのである。慶喜はもちろん、登城停止の処分を受けた。

玄瑞の黒竜江ゆきを戒める師松陰

こんなとき、玄瑞から松陰のところへ、黒竜江あたりに行きたいといってきた。当時、玄瑞は蘭法医伊東玄朴に師事していたが、彼としては、そこで勉学をしていくうちに、黒竜江辺の調査をする必要を感じたのであろう。同じ塾生の松浦松洞がアメリカに行きたいといったのもこの頃である。

だが松陰からは、早速、反対の手紙がきた。

「黒竜江行きは僕としては不同意である。しかし、まだ同志には相談していないので、同志と相談して諾否の返事を書こう。

それはそれとして、君は江戸にいて、各地の様子をキャッチして報告するのがつとめではなかったか。中谷正亮《なかたにしょうすけ》は京都をうけもち、北条源蔵は長崎をうけもっている。君が江戸や京都を捨てて、黒竜江に行ける時勢ではない。また、海外にでる道があれば、北京や広東へ行くことの方が急務ではあるまいか。しかし、これとて空論で、残念である。黒竜江行きは、来春になればなんとかその頃までに時勢も変わろう。今は、黒竜江よりも、竹島こそ問題である。黒竜、蝦夷よりも、竹島、朝鮮、北京あたりが、我が長州藩にとっては、最も切実に思われる。

それにつけても、読書や作文につとめてほしい。自らの実力をつけて、他人が自然に集まるようにしなくてはならない。僕など、僕に心服する者も幾人かはいるが、本当に力あるものが僕に服したことはない。服した者といえば、皆実力のない者ばかりである」

玄瑞、再び京都に戻り活動を開始

言われてみればもっともである。落ちついて考えてみると、京都では、攘夷派の人たちがあくまで日米通商条約の調印に反対して、たちあがろうとする空気のあることが江戸にいる玄瑞のところまで伝わってくる。そうなると、玄瑞としては、もうがまんができなくなった。彼はすぐさま、江戸をたって京都に向かった。

京都には、中谷正亮、入江杉蔵、吉田栄太郎、赤川淡水《おうみ》、中村道太郎らもいた。早速、梅田雲浜、梁川星巌たちと連絡をとって、活動を開始した。

玄瑞が再び、雲浜から、その思想を吸収した時である。

そこへ、萩から伊藤俊輔や、山県狂介、杉山松助も上京してきた。狂介の「懐旧記事」によると、

「京都に来てみると、久坂玄瑞、赤川淡水、中村道太郎たちが、すでに、僕たちより先に京都に入り、時勢の変動するのを待っていた。よって、しばしば会合して論議したが、その要旨は、幕府に勅命を奉じさせ、天下の有志の人をふるいおこすということである。小浜の志士梅田雲浜も京都にあって、大いに国事のために努力していた。私達ともしばしば会って、時務論を論じた。その弁論の爽快なること、僕は思わず、感奮興起したものである」

とある。

狂介も雲浜に大いに啓発された一人である。

京都に残る玄瑞と江戸に向かう晋作

だが玄瑞や淡水には江戸留守役の宍戸播磨から京都退去の命がきた。藩政府は徐々に、幕府の強い態度というか、大老井伊の高圧的態度の前に、軟化しはじめていたからである。吉田松陰の献策も次第に遠ざけられ始めていた。

山県狂介（有朋）（一八三八〜一九二二）
奇兵隊の指導者。新政府で活躍し、のち元老となる。

赤川淡水は早速京都をたって帰国したが、玄瑞にはそれができなかった。たとえ、萩表から帰国せよという命令がきても、決して帰らないという決意をかためていた。彼としては、この難局になにもしないということは耐えられなかったのである。彼は、大阪辺に家をかりて、有志の士をそこに、集めようと考えた。

「高杉や尾寺新之丞などぜひ上京してほしい」（七月二十四日の手紙）

と松陰に訴える玄瑞でもあった。だが、その頃、晋作は、京都を横にみて、一路江戸に向かっていた。念願の江戸遊学が初めて果たされるという喜びと期待を胸に一杯いだいて。かつては、玄瑞の京都での行動にもろ手をあげて賛成していた晋作であったが、この場合には見向きもしなかった。玄瑞がその上京をもっとも期待していた晋作であったが。

もちろん、晋作には、仲間にもいえぬ苦しみがあった。というのは、江戸遊学は許されたが、それは、過激な行動をしないという条件でやっと得た許可でもあったからである。晋作にはどうにもならないことであった。彼には、父親の反対をはねかえすだけのものは、この時にはできていなかったのである。

藩命によりついに玄瑞も江戸に帰る

決して、京、大阪を離れないと力んでいた玄瑞のところにも、七月二十八日には、江戸に帰るようにという藩命がきた。そうなると、反対はできない。ついに、玄瑞も、江戸に戻ることになった。

この時、雲浜は、玄瑞のために壮行の辞を送った。

「私が思うに、今の諸侯は全く無能である。大抵、童心で無知である。その上、財はなく、武は弛んでいる。一度、天下に事がおこると、自分の国がたたないことを恐れるだけで、天朝を奉じて、外国が攻めてくるのを心配する余裕なんか少しもない。

有志の士は、本当に努力しなければならぬ。

久坂玄瑞は長州の人である。京都にきて、僕を訪ねた。酒たけなわのとき、玄瑞は詩を唱した。その声は鏘然《しょうぜん》として、金石の如く、そのため、樹木は皆振うというありさまであった。

去るにあたって、私は王政復古が必ずできると言おう」

期待をかけてきた江戸に絶望する晋作

江戸についた晋作は大橋訥庵の塾へ、そして、玄瑞は幕府の蕃書調所《ばんしょしらべしょ》にと、それぞれはいった。

大橋塾に入った晋作は、あまりの期待はずれに、全く絶望してしまった。大橋塾へは主に水戸の志士たちが出入りをして、大橋訥庵《とつあん》は尊皇攘夷の一方の旗頭と目されていたが、晋作の眼から見ると、愚としか見えなかった。要するに、大言壮語し、意見らしい意見は何一つないのである。大橋をはじめとして、到底ともに談ずる人達とは思えなかった。

そのため、松陰に手紙を書く心にもならなかったのであろう。やっと、十月になって、松陰に手紙を書いている。

「水戸も鄙夫《ひふ》、勇士にて論ずるに足りません。大橋塾に至っては愚のかぎり。天下一人も真の忠義の士、真の豪傑の士はこの江戸にはいないと思われます。ただ、玄瑞や正亮、小五郎などとはよく集まって議論をしていることは愉快ですが、これとても、せいぜい空論で、はなはだ赤面しています」

晋作は大橋塾を批評しながら、結局自分もまた大言壮語になるのであった。彼はそのことには気づかない。かつて、松陰が第一回目の江戸遊学のとき、

「江戸には師とする人はいない」(中村道太郎あての手紙)

と大見栄をきったのとよく似ている。

玄瑞もまた、上京の途中、

「天下に人なし」（富永有隣あての手紙）

と書いた。

おそらく、この手紙を受けとった松陰は、自分の若き日のことを思いだして、にが笑いしたことであろう。

二人の胸に別々の考えが芽生える

犬のため し斬りをしたのもこの頃である。その不満を犬にぶっつけたのである。松陰からは、そのことを伝え聞いたといってずっと後に戒めてきた。

「そんなことでは、とても気力を養うことはできない」

というのである。

十一月四日には、とうとう、大橋塾をとびだして、昌平黌《しょうへいこう》に入った。ここも、各藩の秀才が集まってはいたが、幕府直轄の学校であるため、結局は満足できなかった。

晋作はよく玄瑞と語った。だが、どこか、しっくりいかないところがあった。というのは、晋作には、この頃から、長州藩を中心にして、なにかをなさんとする考えが徐々に芽生え始めていたし、玄瑞は身軽な身体に加えて、雲浜らの影響もあって、ともすれば、藩の枠からはみだしていこうとする傾向があった。そうなれば、意見がくいちがってくるのも無理はない。だが、「玄瑞と議論あわずといえども、玄瑞は真の知己なり、真の良友なり」(十月十五日の手紙)と書いた晋作の手紙もある。

厳しさの裏にある松陰の胸のうち

松陰からは、待っていた手紙がやっと届いた。だが、その手紙は厳しかった。

「長いこと、僕が返事を書かなかったことを怪しんでおられると思うが、天下の事は、貴方のいうような空言にては何事もできない。十年後まで、貴方も僕ももし無事なれば、その時こそ、きっと大計を謀ろう。それまでは各人の場で、思うことをじっくりと行動していれば、自然、心や意見の通じる人もでてこよう。世の動きを十分に洞察してほしい」(十一月十八日の手紙)

しかも、この手紙には、わざわざ、他言無用とも書いていた。松陰の晋作への自重と期待が感じられる。

すでにこの時、松陰は、松浦松洞に水野土佐守を殺させようとし、赤根武人には梅田雲浜のとらわれている伏見獄の破獄を命令し、自らは十二月十五日を期して、萩在住の塾生を連れて、京都にのぼり、老中間部詮勝《まなべあきかつ》を暗殺せんと計画をすすめていたのである。おそらく、晋作に後事を託すつもりで、あるいは、遺書のつもりで、この手紙を書いたと思われる。

「申しがたいから、推察してほしい」

ともあった。

自分の体を通して学び行動した二人

このようにして玄瑞と晋作は、一つ一つの現実を自分の眼と耳で確かめ、自分で納得するところまで理解し、学んでいった。そしてそれを、自分のものにしていったのである。自分をふとらせていったのである。しかも、学んだところを行動によって修正しながら、自分のものとして深めていった。行動しながら学び、学びながら行動していたともいえる。

それは、書斎だけで学ぶのとも異なるし、行動だけしているのとも違っている。思いきって、現実の中に飛びこみ、現実の空気を吸い、現実と学問を対照させながら、学んでいたのである。

師弟の対立

玄瑞・晋作ら、間部要撃に反対する

安政五年十一月二十四日、松陰は、江戸に在住する塾生に向かって、初めて、間部要撃のことを通知した。

驚いたのは塾生たちである。早速、十二月十一日、晋作・玄瑞・飯田正伯《しょうはく》・尾寺新之丞・中谷正亮の連名で、反対の手紙を書いた。

「この度の正論まことに感激しています。

しかし、天下の形勢も今日では大いに変じ、諸藩も傍観の態度、残念ですがどうにもなりません。こういうときの義挙は、まことに容易ではなく、かえって、長藩を危機におとしいれます。けれども、幕府が諸侯や有志の者を隠居させたり、通商条約で貿易が開かれたりしたら、傍観できぬ形勢になると思います。

その時、決起すればよいと思います。それまではがまんして、剣をおさめることが必要かと思われます。これは、私達同志が塾慮の上、熱望するところであります。よくよく深く御考えになって下さい」

老中間部の指揮で反対者の処分続く

すでに大老井伊直弼は、七月四日の水戸斉昭、徳川慶勝、松平春獄、一橋慶喜の処分をかわきりに、次々と幕府に反対する人々を逮捕していたのである。九月七日になると、まず梅田雲浜が捕えられ、十八日には鵜飼吉左衛門、幸吉親子が、つづいて、小林良典《よしすけ》、兼田伊織が、十月二十二日には、薩摩の日下部伊三次《くさかべいそうじ》が、翌二十三日には、越前の橋本左内が、そして、十一月になると、今度は三国大学、頼三樹三郎《らいみきさぶろう》というふうに、次々と逮捕されていった。

梁川星巌は逮捕直前に病気でなくなったが、西郷隆盛は追いつめられて、僧月照とともに、鹿児島湾に身を投ずる有様であった。

幕府の態度は、その批評者、反対者を一人も残さず根こそぎにするかのように峻烈をきわめた。これを指揮したのが、九月に京都に入った老中間部詮勝である。松陰のところには、元凶である大老井伊を薩摩藩士、水戸藩士たちが中心になって、要撃する計画がすすめられているという情報が入ってきた。松陰としては、この計画と平行して、老中間部を倒すことを考えた。長州藩の面目にかけても薩摩や水戸におくれをとることはできなかった。

松陰、自己の計画を断固進める

早速血盟の士をつのって、十七名の同志を得た。いうまでもなく、松下村塾を中心とした者達ばかりである。

今は出立するばかりとなった時に、はじめて、松陰は江戸の塾生にそのことを告げた。だが、十二月五日、松陰はふたたび野山獄に入れられてしまう。間部要撃という計画に驚いた藩政府の処置である。だから、晋作、玄瑞の反対の手紙は獄中で受けとっているが、松陰はその反対に対して、不満のありったけをもらしている。

「時を待つというが、徒らに時を待っても、好機は来ぬものである。今日の弾圧は誰かが刺激したためにおこったものである。かくいう松陰もその一人である。僕がいなくては、千年待ってもこのような弾圧はおこらなかったであろう。僕がいれば、いつでも、弾圧はある。忠義というものは鬼のいぬ間に茶をいれて飲むようなものではない。我々が攻撃をやめれば、敵の弾圧もゆるくなるが、再び攻撃をかければ、必ず敵の攻撃も激しくなってくる。敵味方の力関係はそういうものである。

江戸にいる玄瑞、正亮、晋作などは皆、僕とは意見を異にしている。その分かれるところは僕は道理を実現するつもり、彼等は功業をなすつもり。ただ、人々には長所があって、彼等を不可とはしないが……」（安政六年一月十一日の手紙）

師弟の対立は情況判断の違いか

そのころ松陰は塾生の間部富太郎にも、その苦衷を訴えている。

「有志の士が時を待つとか、犬死はせぬかといろいろ弁解しているが、解せないことである。時がくれば、忠士義士でなくとも、功業はできるものである。隣国の中国でも、創業の時を見給え。功臣は皆敵国より降参してきた不忠不義のものである。

中谷、高杉、久坂たちから、観望の論をいってきた。皆、僕の良友であるのに、その意見は違う。ことに、高杉は思慮のある男であるのに、こう言ってきた。理解に苦しむところである。皆はぬれ手で粟をつかむつもりなのであろうか」

松陰には、信頼してやまなかった晋作までが腰くだけになってしまったかという気持があったのだろう。だが、それほどに、幕府の態度は断々固としていたのである。さすがの村塾の猛者もひるまずにはいられなかった。たしかに情況判断の違いということもあったろうが、安政の大獄のすさまじさがうかがえる。

年若い門弟も政治的実践に

これより先、安政五年十二月、松陰が入獄させられた時、萩にいた門弟の吉田栄太郎、入江杉蔵、前原一誠、品川弥二郎、岡部富太郎、寺島忠三郎、有吉熊次郎たちは罪名論をひっさげて、藩政府を詰問した。

松陰を下獄させるとはけしからんというのである。

その時、最年長の一誠は二十五才であったが、杉蔵が二十二才、富太郎が十九才、忠三郎、熊次郎、弥二郎はともに十六才にすぎなかった。今でいうなら、高校生ぐらいの年令である。彼等はすでに、政治的実践にふみだしていたということができる。

だが、逆に、彼等は謹慎を命じられてしまった。そうなると、彼等とて、ちょっとはしゅんとならざるを得ない。

同志として叱咤激励する松陰の言葉

これをきっかけとして、栄太郎は沈黙して何も言おうとしないし、一誠は長崎の方に避難してしまった。弥二郎たちも例外ではない。その時、松陰が弥二郎に送った言葉はまことに印象的である。

「お前は、もう変革を言わないというが、それは嘘である。もし、人がその言葉にだまされたとしても、僕はだまされない。たとえ僕をだませたとしても、お前自身の心をごまかせるものではない。

僕はお前の心の底まで、すっかり知っている。僕の追求が激しいのに弱りはて、また、変革の行動が容易でないことを知って、わざと口先でそんなことを言い、心の中では、何時かはやってやろう、そして僕をへこましてやろうと思っているのだ。しかしそんなことではだまされない。それに、独りでやるということはとても出来るものではない。これでお前も本音をはかずにはいられまい」

同志として信ずることが、いかに深かったか、そして、弥二郎が後退の危機にたったとき、ユーモアに満ちた言葉で、温かく激励するのである。弥二郎ならずとも、ふるいたたないではいられまい。

しかしそれは後のことであって、この時はただ入江杉蔵だけが、最後まで、松蔭と共につき進もうとしただけであった。

伏見要駕策の計画破れる

安政六年（一八五九）二月になると、あらたに松陰は伏見要駕策を計画した。伏見要駕策とは、伏見で毛利藩主を迎え、藩主にその進退を正しくするように説得しようという計画である。

初め、杉蔵が伏見に行くことになっていたが、母親は病気がちで小さい妹もいる。しかも父親は三年前になくなり、家にはほとんど蓄えがない。結局、杉蔵のかわりに弟和作が行くことになった。この時、和作は十八才である。能くこの大任に耐えうるかどうかという不安はあったが、勇気をふるって、二月二十三日の夜に出発した。が、この計画は藩政府にもれ、和作には逮捕状が出され、杉蔵も岩倉獄に投じられてしまった。

これを知った松陰は、杉蔵、和作の行動が挫折したことを、ひどく悲しんだ。ことに、塾生の不手際からこの計画が藩政府にもれたことを知って、カンカンになって怒りだした。

昨年来、松陰の計画が反対されてきたこともあって、その怒りは、頂点に達したといってもいい。こうして松陰は、塾生はもちろん、友人にまで次々と絶交状をたたきつける。

松陰、玄瑞にも絶交状を出す

玄瑞への絶交状には、

「久坂に対する僕の不満は、時を待つということである。だが、私が絶交するのはそのためではない。野村和作を見捨てた一件が問題なのである。もし、和作を見捨てた君と交際すれば、和作に対する信義にもとる。

君が江戸から帰るのに、途中、京都にも寄らず、大原三位に会わないのは、全く無情ではないか。君が京都を去って一年にもならないのに、京都を忘れるということはいかにも浮薄といわなくてはならない。たとい、一策なきにせよ、せめて、江戸の様子などを京都の有志に知らせたら、どんなにか満足に思われよう。また、時を待つにしても、後々のために必要なことではないか。」（三月二十九日の手紙）

とあった。

玄瑞は、安政五年十二月十五日に帰国を命じられたが、帰っても、なかなか松陰のところに寄りつかない。松陰も玄瑞に会っても楽しくないというのである。

萩に帰った玄瑞は、二月に、再び西洋学所（博習堂）に入学して、蘭学の勉強をはじめた。そして、松陰からの絶交状を受けとった時、

「絶交された玄瑞には何もいうことはない。因循怯懦《いんじゅうきょうだ》で言うに足るものはない。絶交は適当と思う。ただ、男として、死んでしまわないうちに、みだりに批評することはできないのではないか。そう考えると、先生の絶交状について、何もいうことはないようだ」

と記して、さすがに、玄瑞らしい所をみせている。

「これからの私をみてほしい」

と自信まんまんである。とはいっても、ちょっぴり面はゆい心を感じていたようだが。

晋作、玄瑞に苦悩を訴える

一方、晋作の方は、玄瑞の去ったあとの江戸で、語る人とてもなく、だからとて、昌平黌の授業もそれほど魅力的でもなく、ともするとめいりがちになる。師松陰が野山獄に投じられたことも頭痛の種である。

松陰が、十二月に間部要撃をいってきた。それに反対したことは正しかったと思うが、そればかりではなかったのではなかろうかと考えたとき、晋作の心は、ますます憂鬱になるのであった。

その思いをこめて、次々と玄瑞に訴えた。

「杉蔵入獄のことを承り、憂い且つ恥じています。杉蔵は実にたぐいまれな人物と思います。弟和作も上京一件のことはよくわかりませんが、年の若いのに似ず、たのもしい男です。

私は本当に諸君に申し訳ないと思います。入獄もせず、国にも帰らず、徒らに、書生として日を送るのは、諸君に対して恥ずかしき限りで、一言半句もありません。

しかし、僕が口には慷慨いたしても、実行は一つもできぬ姦物、狡猾者、馬鹿者と思われるかもしれませんが、僕が実践しにくい事実を申しあげます。

僕には一人の愚父があります。日夜、僕を呼びつけ、俗論を申しきかせます。俗論とは考えても、父の事ゆえ、いたしかたなく思います。恥じ憂いながらこれまで諸君と交わってきました。

その上、先達って、なくなった祖父なども、こと毎に僕を呼びよせて、〝どうか、おおそれたことをしてくれるな。父上のお役目にもさわるから〟と申していました。

そのため、村塾に行くのもかくしていたぐらいで、実に恥ずべき次第です。しかし、この言葉にそむいては不孝となる故、そむく心にはなりかねるのです。だからとて、天下の事を議論をせずにもおられず、心中まことに苦しみました。

それ故、諸君から、議論ばかりして、実践できぬやつといわれても、一言半句もないのです。どうか、僕の心を御推察下さるようにお願い致します。これ以上、どうにもしようがないのです」(三月二十五日の手紙)

「今頃は学問の姿勢を全く変えました」

「お手紙下さらないのは少々不平に思います。この頃、読書などにも飽いたとき、天下の事はどうか、長州藩はどうかと思うとき、貴兄の顔が眼前にうかんできます。

僕も、やっと学問の姿勢を全く変えました。これまでひきつけられてきた学問は、馬鹿げたものであったと気づきました。これまで、文章家として著述を致し、天下の書生に名前を知られたい、経学を学んで、空論を以て人々をだましたい、博学になって天下の俗物に名前を知られたいと考えていたことは、この際、すっきりと清算しました。

少しでも、国家のためになるよう、学問をしたいと考えています。貴兄にいわれた経済のことなども勉強したいと思います。長藩の兵制改革についても勉強したいと思います。お気づきの点があったら、どうか教えてください。

貴兄は、この頃、何を勉強していますか。お伺い致します。

僕独りが罪にならないことを、貴兄はどうお考えですか。ぜひ、教えていただきたい。

松陰先生は獄で如何おくらしですか。

松陰先生には手紙をさしだそうと度々書きましたが、虚事が多くなりますので、とりやめ、まだ一度も出していません」（四月一日の手紙）

苦悶のうちにも生き方を求める晋作

晋作には、自分が罪になるような実践をしていないことがよほど気になったとみえる。しかも、父親との間にはさまれて、彼はひどく苦しんでいる。父親の愛情、父親の期待にそむくということは、なかなか困難であったのである。それはまた、中間階級の、こまやかな愛情の中に育った人たちにありがちな限界でもあった。しかし、名利のために学問をするという姿勢を徐々に清算することで、晋作は、同時に、この問題を解決し、超克しつつあったということができよう。

松陰は、晋作の心を知ってかどうかわからないが、この頃、自分の手紙を佐久間象山にとどけるようにいってきた。それは松陰の象山への質問であったが、その答えは、同時に晋作にも参考となるようなものであった。その質問とは、

「幕府諸侯何れの所をたのむべきか。

日本の回復はどこから手をつけたらよいか。男子たる者の死に場はどこがよいか」

というものであった。

晋作も、この機に、その心を、象山や加藤有隣にうったえてみようとして、関東から信州の旅をしきりに計画したが、結局、それはできないままに終った。

自分自身になりきれる瞬間

彼が、その苦しみを忘れようとして、酒や女におぼれていったのもこの時である。おそらく、酒を飲み、女の中に没入するとき、彼は、自由を感じ、いうにいわれぬ充実感をその全身に感じていたことであろう。本当に、自分自身になりきれた瞬間であったということもいえよう。その意味では、晋作が自分自身になりきっていく営みであった。自分自身に徹しきる過程であった。それは、彼が、全心身で生きられるようになる訓練の時期でもあった。そして、この生活が、晋作を、いよいよ、不羈奔放の男に育てていったのである。

このように、玄瑞は停滞し、晋作が苦悶しているときに、彼等の師、松陰はどうしていたのか。次々に、塾生に絶交状をつきつけ、果ては、絶食までして、藩政府に抗議した松陰はどんな内的生活を送っていたのであろうか。

草莽の決起だけが頼りという松陰

猛りに猛っていた松陰の心も徐々に冷静さをとりもどした。そうなると、彼の頭脳は一刻もとどまっていることを許さない。しかも、松陰が激し、あるいは、孤独にうちのめされたときが、松陰の最も鋭く、直観し、構想した時でもあった。

「諸侯も頼むにたらない。天朝も恐れ多きことだが、公卿の間は俗論ばかりで、頽廃《たいはい》しきっており、正論はたちようがない。
我が藩を以て考えるに、君侯がいかに賢くとも、重臣の中に、二、三人、非常の人がでるとも思われない。藩政府は全くの俗人で、蠅のようなものである。私が考えるに、罪をこうむった人は心がかたまると思う。そして、罪がなくなったとき、初めて頼むに足ると思う。着眼は草莽の決起である。藩を亡命することが必要である」（小田村伊之助への手紙）
「公卿の陋習《ろうしゅう》は幕府より甚しい。ただ、西洋列強を近づけては、神の汚れと申すだけで、上代の雄図遠略《ゆうとえんりゃく》等は少しも考えない。事のならないのも当然である。
諸侯に至っては、幕府の鼻息を仰ぐだけで、これという策もない。幕府が西洋列強に降参すれば、そのあとから、降参するだけである。ナポレオンをおこして、自由をとなえねば、腹の虫がおさまらない。
僕は昨年以来、私の力相応に努力してきたが、一として、裨益《ひえき》するところがなく、唯牢獄に座するだけである。今の幕府も諸侯もどうにもならない。草莽決起の人を望む以外にはない」（北山安世への手紙）
「僕の今までの処置は遺憾であった。それは何かというに、藩政府を相手にしたということである。これからは、きっと、草莽決起と案を変えて、今一度やってみたいと思う。
五年、十年獄にあっても、僕はまだ四十才。君はもっと若い。今は、鉾《ほこ》をおさめて、政府の役人を安心させ、一年でも早く、獄を出ることである」（野村和作への手紙）

松陰の思想的心情的成長

「今日の日本の状況は古今の歴史にもないほどに悪い。何処かといえば、アメリカが幕府の自由を抑え、幕府は天朝と諸侯の自由を抑え、諸侯は国中の志士の自由を抑えてしまっている。そのために、心ならずも天朝に不忠をしている。

それというのも、アメリカの大統領の方が将軍よりも智があるし、その使者は、老中よりも才があるからである。人物がおよばなければどうにもならない。このままでは、乱世もなしに、直ちに亡国になるしかない。今大切なのは、日本を乱世にすることである。乱世になれば、なんとか、打つ手もでてくる」（野村和作への手紙）

そして、とうとう、

「天朝も幕府もわが藩もいらぬ。ただ六尺の我が身体が必要」（野村和作への手紙）

という立場に到達するのである。まことにあざやかな、松陰の思想的心情的成長である。

そして、塾生達には、次々と、反省の手紙をおくり、さきに怒ったことを詫びるのである。

師弟同行の姿勢をとりもどす

晋作にあてた手紙には、

「貴兄も時を待つのが妙、関東周遊もはなはだ妙。それからは官につき、妻を蓄えるのも妙だと思う。子が生まれ、仕官もすれば、一通り、父母への孝行はたつ。

それからは、君に忠をする時だと思う。御小姓も同志三人ぐらいあれば、君に赤心を貫くことはできる。

そうしておいて、同僚と大喧嘩でもして、役目を退き、それから、本格的に修業しなおせば、真の人物にもなることができよう。また、本当の道理を実践することもできよう。

時を待つということでも、はっきりした先の見込みさえあれば、待つにこしたことはない。僕も、獄にいて、人を動かそうとしたことは大きなあやまりだったと思う」

と書いている。松陰は、晋作の悩んでいる孝行について、真の忠はいかなるものか、そして、時を待つということはどういうことかを、丁寧に書くのである。

玄瑞には、獄中にいる杉蔵や和作の指導をたのんでいく。

師弟は決定的に対立していくかに見えたが、松陰自身の成長のなかで、再び師弟同行の姿勢をとりもどしていったのである。

松陰の死を生かすもの

幕府より松陰の東行を命ぜらる

鵜飼吉左衛門親子、梅田雲浜、橋本左内など、逮捕された者の吟味が始まったのは安政六年二月のことだった。罪を寛大にと考える者は、その役目を交代され、大老井伊の意をうけた厳罰主義者だけが吟味に加わった。交代した者は、「到底、今度の吟味は、人間の良心ある者には出来ない」ともらしている。なにがなんでも、罪にしようというのである。その上、幕府の政策を批評する者を、この際徹底的に抹殺しようとはかった。当然、松陰は梅田雲浜の線から浮かびあがる。だが、松陰は、そればかりでなく、京都で活躍する志士たちの精神的支柱であることもわかった。

かくて、四月十九日、幕府は松陰の東送を毛利藩主に命令してきた。その使いとして、長井雅楽が帰国の途についた。雅楽は、幕府の断固たる態度の前に藩政府がたじろぎはじめた頃に、佐幕的な男として、藩政府の中に徐々に地歩をしめてきた人物である。

五月十三日、萩に帰った雅楽は、その翌日、松陰の父にそのことを伝えた。それを伝え聞いた塾生たちが怒ったことはいうまでもない。わずかに残っていた師弟対立の感情も、その怒りの前には完全に消えてなくなった。弟子達は、今や、一致団結して、共通の敵にあたる必要があった。彼等は、つぎつぎと獄を訪れて松陰に面会した。玄瑞、又四郎、富太郎などは、松陰の東行前に、松陰を奪いかえそうという計画をねった。

しかし、これは、松陰にとめられて、中止する以外になかった。

東行を見送る玄瑞の胸には雅楽への怒りが

松陰としては、東行の途中で雅楽に毒殺されるという不安があった。

「藩の内情を暴露しないでほしい」

と雅楽は、松陰に頼んだものの、それでは安心できなかった。正直一徹の松陰のこと故、何をいいだすかわかったものではない。幕府の取調べの前に、藩の内情をぶちまけられることを恐れたのである。それ故、雅楽は毒殺という非常手段をもとりかねなかった。雅楽はそういう男であった。塾生たちもそのことを大変心配した。

そういう不安の中で、松陰は五月二十五日、雨の降る中を、網をかけた駕籠《かご》に、腰には縄をつけて出発した。

出発に先だって、松陰は玄瑞にあとのことを依頼した。ことに、杉蔵、和作のことを、くれぐれも頼むのであった。

玄瑞は承知しましたといったものの、到底、自分一人の心におさめておくことはできない。それにもまして、松陰の東行を見送ることは苦しい。江戸にいる晋作のところには、さっそく、松陰を送る悲しみを訴えるのであった。松陰の東行が幕府の命令であったとはいえ、その東行をいろいろ準備した長井雅楽への怒りは骨のずいまでしみわたっていたに違いない。

熱気ほとばしる松陰と晋作の交流

出発してから一ヵ月目の六月二十五日、松陰は途中、毒殺されることもなく、毛利藩邸に到着し、七月九日、はじめて、評定所に呼びだされた。

江戸についてからの松陰のため、晋作はなにくれとなく世話をした。牢名主に贈る金の世話から、書物の差入れまで、ありとあらゆることをした。

萩にいる塾生達は、みんな師のことを心配している。晋作は、今こそ、みんなの心配を取除き、これまで、実践しなかったことに対する罪ほろぼしをしなくてはと考えていた。

「僕が江戸にいる間は、決して御心配なさいませんように。度々文通を致し、又、先生からは議論をされ、愉快にすごしています」（八月二十三日の手紙）

と玄瑞にも報告している。

だが、それだけでなく、この時、松陰と晋作の間には、心と思想の交流が最も深いところでなされたのである。一人は最悪の場合は死を覚悟しなくてはならない人間、一人はそういう立場にある人間から、できるかぎりのことを学んでおかねばならないと考える人間。こうした二人の間に、熱気がほとばしらないわけがない。

松陰はそのもっとも信頼する晋作、最も大器になる可能性をもった晋作を、思う存分に教育する。教育するというよりも、自分のつかんだもの、自分の発見したものを全部、晋作の中に注ぎこもうとしたというのが正確かもしれない。

晋作の心を奮いたたせる師の手紙

「男子たる者の死に場所は如何という君の問に答えよう。

死は好むべきでもないが、だからとて、憎むべきものでもない。世の中には、肉体は生きていても、心は死んだ者がいる。肉体は亡んでも、魂は生きている者がある。心が死んでいるなら、生きていても益もない。

非常に才のある者が、一時の辱《はじ》をしのんで生き、大事業をするというのは、なかなか妙である。私欲なく、私心なき者が生をむさぼっているのも、後に必ず、大事業をなすためであろうから、批難すべきでない。

死んで、不朽になる見込みがあれば、いつでも死ぬべきであるが、反対に、生きていて、大業をなす見込みがあれば、いつまでも、生きるべきである。だから、生死というものは度外におくべきだと思う」

「幕府が京都朝廷の許可を得ないで調印したことは、だんだん、究明してみれば、それほど、叛逆したことでもない。それを、今少しく、幕府が悔いているのは、諸侯にとっても大切の時である。

今、正義を以て、幕府を責めることはいいとは思わないが、上策は、井伊、間部に忠告することである。中策は、隠然、自分の藩を富強にして、いつでも、幕府の依頼にこたえることができるようにすることである」

このような手紙を受けとる度に、晋作の心はふるいたったにちがいない。

晋作への帰国命令と松陰の胸中

幕府や藩をのりこえた筈の松陰が、藩や幕府のことをいうのも不思議といえば不思議であるが、思想的にはともかく、心情的にのりきることのむずかしさ、それが、つい筆になったのか、あるいは、藩の枠内にいる晋作への配慮から、そういうことをいったのか。

後年の晋作の藩割拠論も、結局は松陰の思想を発展させたものということがいえよう。

それは、ともかくとして、そんな晋作の所に突然、帰国するようにという命令がきた。晋作も驚いたが、松陰はもっと驚いた。たとえ、遠島、死は覚悟しているにせよ、刑のきまる迄、晋作には、江戸にいてもらいたかったに違いない。飯田正伯、尾寺新之丞はよく世話してくれるが、高杉には到底およばないと考える松陰である。

玄瑞にあてて、

「高杉は真によく僕を知り、また僕を愛している。若し、僕に秘密にいうことがあったら、書をよこせ。しかし、その時は、秘密に高杉に託してほしい。飯田、尾寺は絶対にだめである」

と書いたことでもあきらかである。

十月六日、早速、松陰は、晋作にあてて、

「急に御帰国で、非常に御多忙と思う。それなのに、後々のことまで、いろいろ処置していただいて本当に有難う」

と書いた。そして、その翌日にも、また、筆をとって書くのだった。

「この度の災厄に、君が江戸にいてくれたので、大変しあわせであった。御厚情を深く感謝する。急に御帰国ときいて、本当に残念でならないが……」

帰国する晋作に死後を託す松陰

その後に、つづいて松陰が書いた文面には、あらためて、死後を託すという気配が感じられる。

「諸友中、小田村は大変進歩している。彼は貴方を深く理解している。ともに語るとよい。入江はきっと学問が進んでいるはずだし、久坂も必ず進歩しているにちがいない。しかし、彼の事ゆえ、才が勝って動きやすい。心を配ってほしい。久保清太郎は事務に練達だし、増野徳民は期待にそむかない男である。品川、寺島は若手の中で望をかける事のできる者たちだから、鼓舞してやってほしい。福原も成長して決して心変わりするようなことはあるまい。岡部も用うるに足る人物、少し軽佻だが、捨ててはいけない。吉田と天野はとくに心を使ってほしい。即ち天野清三郎は才を頼みすぎて勉強しないし、吉田は志を放棄したように周囲からみられているからである」

こうして、晋作は十月十七日、松陰の事を心にかけながらも、藩の命令とあればしかたがないと、江戸を後にしたのである。あくまでも松陰をみまもるために脱藩する、という心にはならない。この時の彼には、脱藩なんて思いもよらないことであった。そう思いながらも決心がつかなかったのかもしれない。

松陰は殺されたがその志は塾生につながれる

晋作が旅を続けている間に、そして彼の知らぬ間に、松陰は伝馬町《てんまちょう》の獄に斬られた。十月二十七日のことである。それは、大老井伊によって遠島という判決を死罪とあらためられての断罪であった。八月二十七日に安島帯刀《あじまたてわき》、鵜飼吉左衛門親子が、十月七日には橋本左内、頼三樹三郎が断罪された。梅田雲浜、日下部伊三次は獄死した。

松陰は刑死に先だって、塾生や諸友にむかって次のような言葉を残した。

「諸君は僕の志をよく知っている。だから、僕の刑死を悲しまないでほしい。僕を悲しむことは、僕のことを知ることにおよばないし、僕を知ることは、僕の志をついで、大いに僕の志をのばすことにはおよばない」

松陰の志というのは、幕府を倒して、西洋の列強に対抗しうるような近代的統一国家に日本をつくりかえることであり、日本を道義国家にすることであった。松陰はその途中で倒れたのである。途中で倒れるということは、非常に悔しい思いであったかもしれないが、松陰は、自分の死に一つの救いを見出していた。それは、自分の死によって、玄瑞や晋作の心が定まるという確信であった。自分が生きている限り、彼等は、どうしても因循の心を克服できないと見ていた松陰、それが今、固定するという確信であり、喜びであった。

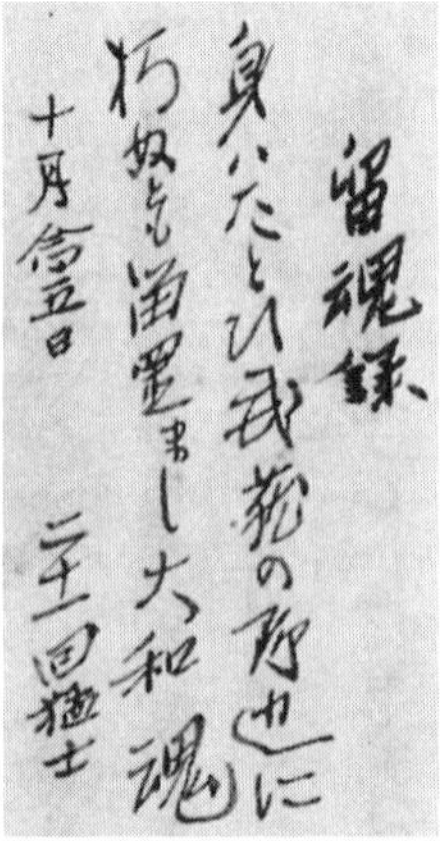

留魂録
松陰が刑死の前々日尊王憂国の心情を門下生に書き残したもの。

松陰殺さるの報は、塾生を驚きと怒りの中にたたきこんだ。深い悲しみにも襲われた。しかし彼等は、その怒り、その悲しみを深く深く内攻させていった。幕府への怒りと、藩政府への憎しみは非常なものであったが、それをよく抑えて、その怒りとその憎しみを学問をする情熱に転化し、革命への情火にたかめていったのである。

松陰の死を超えて前進する塾生たち

晋作はその決心を周布政之助《すふまさのすけ》につぎのようにうちあけた。

「わが師松陰の首を幕府の役人の手にかけたことは残念でなりません。私たち弟子としては、この敵を討たないでは、とうてい心もやすまりません。といって、人の子として主君に仕える者、この身体は自分の身体のようであっても自由になりません。いたしかたないままに、日夜松陰先生の面影を慕いながら激歎していましたが、この頃やっと、つぎのような結論に到達しました。即ち隠忍自重《いんにんじちょう》によって人間の心はますます盛んになるという言葉の意味をよく理解して、朝には武道、夕は学問して、自分の心身をきたえぬき、父母の心を安んじ、自分の務めをやりぬくことこそが、わが師松陰先生の敵を討つことになるということであります」（十一月十六日の手紙）

玄瑞もまた、同じ頃、杉蔵にあてて、

「先生の悲命を悲しむことは無益です。先生の志をおとさぬことこそが肝要です。晋作はますます盛んで、識見、学問ともに大いに進んでいます。真に尊敬すべき人です。他の寺島、有吉、前原、品川、松浦などにも手紙を送り、鼓舞激励してゆくつもりです」

と書きおくっている。

これからあと、塾生はそれぞれに松陰からもらった手紙を持ち寄り、お互いに書きうつして読み、師の遺志を受けつごうと、大いに勉強することを申しあわせる。

師の掌から飛び立つ晋作と玄瑞

しかし、一方では、松蔭の死は、晋作、玄瑞たち塾生が師の制約から解き放たれることでもあった。松陰は、塾生にとってあまりにも偉大であったから、塾生達は松蔭の生きているかぎり、松蔭の掌の中で思索し、動くしかできなかった。だが、松陰がいなくなった今、彼等はある意味でのびのびと、彼等なりに、松蔭の思想を理解し、咀嚼し、それぞれに思う存分成長してゆけばよかったのである。現に、晋作、玄瑞は、晋作なりに、玄瑞なりに、自分をのばし、成長してゆくのだった。

それは二人が、本当に、自分自身になりきるとき、個性的存在となるときであった。

第二部

村塾の理念を実践へ

村塾をひきいる二本の柱

玄瑞、塾生を積極的に指導

松陰が、野山獄から江戸に向かうとき、玄瑞に後のことを頼んでいったのはすでにのべたが、彼は、師のいいつけに従って、杉蔵たち塾生を積極的に指導しはじめた。

まず、杉蔵から、玄瑞によせた手紙をみてみよう。

「先生が去るにのぞんで、私のために、貴方との特別の交わりを貴方に託してくれたことは感激にたえない。

しかし、先生は既に去ってしまった。望むところは貴方だけである。これまで、先生に望んだ所を今後は貴方に望むだけである」（六月一日の手紙）

杉蔵は松陰のかわりに三才下の玄瑞を師とし、大いに学んでゆこうとするのである。彼にとって，年令が若いことは問題ではなかった。学問の世界に自分より先に入った者はすべて先輩であった。

玄瑞から杉蔵あての手紙。

「〝洗心洞剳記《せんしんどうさっき》〟（大塩平八郎著、彼は大阪の与力で、天保八年大阪に兵を挙げた）読了しましたか。読み終わったら、王陽明の〝伝習録〟を読み給え。黙霖《もくりん》と松陰先生の往復書簡を反復して熟読すると意気軒昂となります。心をふるいおこし、気力を養う上になかなかいい。お読みになるなら送ります」

杉蔵から玄瑞への手紙。

「黙霖の往復書簡、本当にありがとう。一枚の紙片が人をこんなにたたしむるものを持っているというのは驚きです。実にひとすじに生きる心の持ち主です。

貴方の手紙に、中江藤樹、熊沢蕃山の学は姚江《ようこう》よりいず、とありましたが、姚江とは何者ですか。石丈山とはどういう人物ですか。三宅尚斉はいつの人ですか」

「人間の進むべき道を明らかにしてほしい」

玄瑞から杉蔵あての手紙。

「今年は中国の沿革、各国の時勢に眼をそそいでほしい。来春からは陽明学を学び給え。〝坤輿《こんよ》図識《ずしき》〟〝蕃史《ばんし》〟ならびに航海地図を送るから、大体のことをつかむとよいと思います。

魏源の〝海国図志〟（各国の事情をあきらかにしたもの）、〝聖武記《せいぶき》〟（清朝の外征と政治の沿革をのべたもの）なども送りましょう。

来春から、二十一史（中国の古代から元にいたる正史）を読むという意見には、僕は反対です。明清の大略を知ったら〝温公通鑑《つがん》〟を読むべきです。それから、〝通鑑紀事本末〟を読むとよい。是で、中国の大勢が摑めぬ位なら、読書は無益であります。歴史学は己が識見を長ずるけれども、確固不抜、どんなことがあっても驚かぬようにするには、経学（国家、個人の理想、目的を追究する学問）を学ぶのがよいと思います。

二十一史を読むには、普通の勉強では三、四年もかかる。暇人の勉強にはいいが、貴方のような人はそんな事をすべきではない。

今日、役にたたない学者のごとく、いかに沢山の本を読んでも駄目です。

僕はかつて、晋作に経済の勉強をして、国政を変革すべしといったが、これからも大いにいってやるつもりです。

君は、どうか、人間の進むべき道を明らかにしてほしい。」

力のこもった手紙のやりとり

杉蔵より玄瑞への手紙。

「僕が人間の道を明らかにする仕事につくというのは適当ではないし、その任でもないと思う。しかし、今日の時勢を洞察して、貴方がここに着眼したことは大変感心しました。僕もできるだけ努力してみよう。

二十一史を僕が読むのは、博覧を誇るつもりではない。しかし僕は才識に乏しい。このことを知っているから、歴史を読んで才識を長ぜしめようと思うのです。心にあくだけ書を読んだら、少しは我が才識ものびようかと思うだけです」

玄瑞から、杉蔵あての手紙。

「二十一史を読むということ、どうかやめてほしい。徒らに、気力をついやすだけです。貴方も今年二十三。多くの書物を読んではいないと言え、識見は相当なもの。到底、僕などがおよぶところではない。

徒らに、歳月をもてあそぶことはやめてほしいと思う」

まことに、力のこもったやりとりである。

玄瑞は知行合一の学問としての陽明学を学ばせることによって、杉蔵を徹底した行動人に育てあげようとするのである。しかも、切迫した時代に生きる者として、無駄な勉強はなるべくさけて、効果的な勉強を極力すすめる。だからとて、玄瑞は抄択やパンフレット類を読んで一時を糊塗させようというわけでなく、どこまでも、本格的な勉強を求めるのであった。

村塾生の中心になってゆく玄瑞

このように玄瑞は獄中にいる杉蔵を教育していく一方、松陰なき後の松下村塾の復興をはかって、次々と対策の手をうっていった。彼には、村塾生が中心となって、結束をかため、塾生が一丸となって行動していけるようになることが必要と思われたのである。それが、また、なき師の遺志をつぐことでもあった。動揺する松浦松洞たちの心をかためたのも彼である。

村塾にしばしば集まって、「新論」「柳子新論」「孟子」をはじめ、松陰や月性の詩文を読んだのもそのためである。山県狂介はほとんど毎日のように来たし、晋作、弥二郎、忠三郎、一誠なども度々、彼を訪ねて来た。

そのころに、大老井伊が桜田門外で水戸浪士に斬られたと聞いて、いよいよ奮いたつということもあった。

こうして、玄瑞は、自然に村塾生の中心になっていったのである。

このような玄瑞に対して、晋作の方は、どうなっていたのであろうか。

晋作は眼を外に向け軍艦に乗り込む

安政六年（一八五九）八月、まだ江戸に滞在していた頃、晋作は、書を萩にいる玄瑞に送って、「今の状態では、なかなか、藩の情勢はよくならないと思う。それ故、僕一身でするより他には手段はないと考える。僕が自分でする時は、軍艦に乗り込んで、世界中を交易してまわろうという考えである。そのため、僕も志を変えて、軍艦の乗り方や天文地理などを学ぼうと思うし、早速、軍艦製造所に入って勉強したいと決心している。しかし、この事は、江戸の同志にも話していないことであるから、決して、他人には話さないでいただきたい」

と、自分の志を洩らしていたが、万延元年（一八六〇）二月になると、晋作は、さっそく萩の軍艦教授所に入った。

晋作が入所して間もなく、藩の軍艦丙辰丸《へいしん》が江戸まで航行することになった。これまでの沿岸航路でなく、紀州灘から、できるかぎり外洋に出て、そこを航海してみようというわけである。丙辰丸は長さ二十五メートル足らずの三本マストの帆船で、申しわけに大砲がついているような貧弱な軍艦であったから、外洋に乗り入れるというので、皆は昂奮した。艦長には松島剛蔵がなり、晋作も、この船に乗り組むことを願い出て、許可を得た。

航海術に見きりをつけて旅に出る

四月五日、丙辰丸に乗り組んだ彼は、

「男子たるもの、この世に生まれて、どうして、徒らに、本を読んでいられよう」

と、意気さかんなところを航海日誌「東帆録」の第一頁に記している。

だが、雨や風のために出航できない。やっと十三日になって出航したものの、下関、上関、御手洗、多度津、小豆島、紀州と航行をつづけるのに、驚いたことには、四十日もかかっている。

晋作には、このように、まどろこしいことは到底、我慢できなかった。

「性疎にして狂、その航海術を高めることができない」（試東行日譜）

とも書いている。地道にこつこつとやっていかねばならないことは、彼に向かなかったのかもしれない。そう判断すると、晋作の決断は早かった。さっさと、航海術や天文地理を学ぶことをやめて、本来の武道と学問（政治や経済）にたちかえった。そして、その決心を深めるかのように、旅に出た。

その旅は、昨年の初めから熱望していたことである。それに、松陰からの佐久間象山への紹介状も、そのまま胸にもっていた。

松陰のなくなった今、改めて、象山への思慕も一層募ったし、その意見も聞いてみたかった。八月二十八日、まず松陰の墓に別れをつげ、それから、笠間に向けて出発した。送る者は桂小五郎、久坂玄瑞（その年の五月に江戸に出た）、楢崎弥八郎たち数十名。笠間には加藤有隣がいる。それをまず訪ねようとしたのである。

その旅行記「試撃行日譜」には、

「名山大川を跋渉《ばっぽ》し、奇人傑士に交わって、耳目にふれ、感動をよびおこそうとするのは、将来の大事業の基礎になるものをつかまんためであって、単に、他日の話題に供さんためではない」

と、その旅行の目的を明らかにしている。

旅先で会った人物に深くうたれる

笠間の加藤有隣を訪ねたのは九月三日と四日。大いに、その学識に魅了され、去りがたいものを感じた。有隣もまた、今は隠居の身分、この若い青年を深く愛した。

九月二十二日夜中の十二時前、ひそかに象山を訪れた晋作は、朝の六時頃迄談じこんだ。それというのも、象山もまた謹慎の身、おおっぴらに会うことは許されなかったのである。

横井小楠を福井に訪ねたのは十月一日。小楠は熊本の藩士であるが、福井藩主松平春嶽に招聘されて、当時、福井にいた。幕臣の勝海舟（海軍奉行）、大久保忠寛《ただひろ》（蕃書調所頭取）などとも親交があり、公議政体を早くから考えていた人物である。後に徳川政権の返上、公議政体の実現をはかった土佐の坂本竜馬も彼から指導を受けた。

この旅行は、いろいろな意味で、晋作に深い影響をあたえたようである。

萩に帰った晋作は、さっそく、江戸にいる玄瑞に手紙を書いて、その旅行のことを報告し、あわせて、自分の決意を述べている。

「佐久間とは、明方まで豪談した。君のことも門人より聞いているとの事、来春は必ずお訪ねなさるとよい。

横井はなかなかの英傑、二人といない人物のように思われた。

旅行は大変勉強になった。これからは、三年間、門戸を閉じて、学問しようという志がおこった。ただ、そうして摑んだ策を具体化するにはどうしたらよいかと思うだけである。御意見をお聞かせいただきたい」

象山や小楠が、強烈に晋作の心を刺激したのだ。象山からは攘夷不可論を、小楠からは日本の政治のあり方について教えられたといえよう。しかも都合のよいことには、十二月には、明倫館の都講となり、翌文久元年（一八六一年）三月には、世子の小姓役になった。小姓役となったといっても、比較的ひまなつとめである。自然、晋作は、思う存分学問に没入することができた。

晋作の勉学態度とその理論

こうして彼は、「集義和書」「論語集註」「伝習録」「海国兵談」「紀効新書」「練兵新書」「日本紀」「霊能真柱《たまのみはしら》」「古史」「古史伝」などを次々と読んでいった。

かつては、酒色に耽溺《たんでき》した晋作であったが、この頃には、もう、酒色にふける人々のことを彼が批難しても、誰も不審に思わなくなっていた。

この頃晋作は、兵法を論じて、兵法は実戦の中で日進月歩するものであるといい、伝統の兵法にとらわれることなく、思いきって外国の兵法を学ぶことを強調している。しかも、我が国の伝統の兵法を基調にしていくことを忘れない。

また、学校のことを論じては、諸藩がいずれも、学校教育に一生懸命だが、徒らに、章句、文詞をもてはやすことだけに熱心なため、本当の人材を育成することになっていない。心ある人は、学問と政治の一体を志しているが、それはともすると政治に有用な人間を育成しようということを心がけるため、着実に、自分のための学問、自分自身を肥らせる学問を忘れて、政治有用の末にはしるため、本当の人材を育成しないことになっている。本末をあやまってはならないというのである。

村塾の竜虎、日本の竜虎へ

このような晋作のもとには、自然、友人が集まってくる。いつか熊次郎、正亮、忠三郎、和作、宮城直蔵、新之丞、一誠たちが出入りして、本を読んだり意見を闘わせることが多くなった。

ある日など、一日に二回も、和作が訪ねたというほどである。それほどに、話がはずんだのである。

それが、彼を皆の中心的位置におしあげることになった。

かつて、松陰は、晋作玄瑞を高く評価し、塾生も、一歩をゆずっていたが、それはあくまで、塾生として、学究徒としての二人であり、二人への評価であった。それが今では、一人の識見が、才能が、人物が、塾生ではなくして塾卒業生としての、革命家としての中心的人物になっていったのである。

それは同時に、村塾の竜虎から長州藩の竜虎へと脱皮する過程でもあった。しかも、二人はさらに、日本の竜虎になる道を歩んでいたのである。

それには、まだまだ時代や思想に厳しく鍛えられ、時代や思想から学び、事件にとりくむ中で自分自身を肥らせていくことが必要であったが。

長井の航海遠略策と玄瑞

藩の命を受けて再び江戸に出る

万延元年（一八六〇）二月、藩政府から玄瑞に、幕府の軍艦教授所に入るように命令がでた。そこで玄瑞は、四月に萩をたち、五月に江戸に着いた。

江戸に着いてみると、見ること、聞くこと、すべて生々しかった。このまえ、江戸に来たときとは、だいぶん違っていた。萩で聞くのとは雲泥の差である。

人々は貿易に血まなこになって利を追っていた。案外、こんなところから、乱がおこるのではないかと思ったりする。こんな貿易をつづけているかぎり、農民はますます苦しむしかないような気もする。外国人が我がもの顔に威張っているのにも腹がたってくる。すべてが、むしゃくしゃすることばかりであった。

玄瑞はその思いをこめて、つぎつぎと、杉蔵に手紙を書いた。書かずにはいられなかったのである。

晋作の方は丙辰丸で江戸に来たかと思うと、江戸にいたのは、ほんとに僅かで、早々に旅に出てしまった。

一時は、晋作と一緒に佐久間象山を訪ねるつもりだったが、それもうまくゆかなかった。語る相手をなくした玄瑞は、こうなると静かに勉強する以外にない。

七月五日、蕃書調所内の堀達之助の塾に入塾して勉強をはじめた。だが玄瑞は、やはり、この時勢をだまって見すごして、勉強一すじに打ち込むことはできなかった。学問とは、結局、世のため、人のためにあるもの、時代に役だたない学問など、彼には考えられなかったのである。そんな学問ならしたくなかった。玄瑞は次第に、水戸藩、土佐藩、薩摩藩の有志の士と往来して、その理論を鍛えて、現実に有効なように徐々に仕立てあげていった。

文久元年（一八六一）になると、その活動はいよいよ積極的になり、攘夷と勤王のため水、長、薩、土の四藩連合へと一歩一歩進めていった。

雅楽の航海遠略策の登場

そういうところへ、長井雅楽が航海遠略策をひっさげて、登場してきた。

幕府では、大老井伊が桜田門外に倒れた後、安藤信正が老中となり、着々と幕府体制を強化する手を打っていた。まず、幕府に並立し幕府に独立して存在する京都朝廷、諸国の志士の思想的精神的支柱となりつつある京都朝廷の力を、これ以上強めないことが必要であった。そこで思いついたのが、天皇の妹を将軍の妻にするということで、志士たちの鋭鋒《えいほう》を抑えようという策である。

志士達にしてみれば、そうなってしまっては大変である。躍起となって妨害したが、とうとう皇妹の結婚はきまってしまった。しかし、志士達は、あくまでその実現を阻もうとし、攘夷との一石二鳥をねらって、しきりに外国人を斬ったり、その公館を襲撃した。老中安藤信正をたたきおとすためである。

雅楽の航海遠略策は、こうして苦境にたつ幕府にとっては、まさにわたりに船であった。

雅楽、幕府に開国を建白

雅楽から幕府に出された建白書には、次のように書かれていた。

「西洋各国に対する外交方針は、公武一和して朝廷の意見に従うとよいと思う。しかし、昨年以来、公武の間はうまくいっていないように思われる……。

鎖国、開国と言っても、これは枝葉のことで、外国の辱しめをうけては鎖国も真の鎖国ではない。開国か鎖国かは、時の宜しきにしたがうべきだと考えられる……。

世界の形勢は、年々相開けておる以上、日本の開国も自然である。もし旧習になれ、次第に時勢におしまくられて、仕方なく開国にするようでは、手後れになるだけでなく、人心の折合いも悪い。だから、開国を速やかに決定して貰いたい」

まことに、まっとうな意見である。

周布政之助なども、最初、その意見に共鳴した。たしかに、時代というものから切り離して、一篇の抽象論としてみるかぎり、誰も反対できるものはいない。

雅楽の説に反対し、大激論を闘わす

だが、雅楽の卓説も、玄瑞をまるめこむことはできなかった。彼は現実の中で、もっと厳しく、もっと鋭い批判の視点を養われていたからである。彼は直ちに、雅楽の説のインチキ性を見抜いた。

「航海遠略策は、もとより亡き松陰先生の議論であるが、今日では、誰でも理解できる議論で、とくに、和議を主とする者が喜ぶ意見である。……

公武合体も幕吏をたすけ、天朝を抑える説であるかぎり、いけない。何れは、航海の道開け、万里の外に乗出す策でなくてはすまない。しかし、今さしあたって、その説を肯定することはできない。とくに、ロシヤが対島を己が要害と致したのは、航海が開けたとはいえ残念である。

敵の凌辱をうけながら、その罪を正さないで、とても航海などできるものではない。それなのに、徒らに、航海航海などと唱えるのは、松陰先生の説とは全く違っている。佐久間象山もやはり航海論だが、戦いをおそれて、航海を唱える者とは一緒に論じられない」（六月二十二日、杉蔵への手紙）

雅楽の説は、今の時点では徒らに幕府を助けるだけとみたのである。

そこで、江戸にやってきた雅楽を相手に、何度か大激論してみたが、彼は少しも玄瑞のいうところを受けつけなかった。彼は幕府を中心にした統一国家を考え、そのための対策を論じている人物である。玄瑞の意見を受けいれるわけがなかったのである。まして、雅楽は、玄瑞達若者、わけても下級武士が国政を論ずることをにがにがしく思っていた。

晋作は学問ひとすじの道へ

七月三十一日、晋作が江戸にやってきた。

玄瑞は、待っていたとばかりに晋作をまきこんで、雅楽の航海遠略策をしりぞけ、皇妹和宮《かずのみや》と将軍との結婚を邪魔しようと考えた。

晋作も、一時は玄瑞の言葉に刺激されたが、冷静になって考えてみると、三年間、門戸を閉じて学問しようと考えたのは昨年の暮のことである。日本の進路を見究めるためには、もっともっと勉強しなくてはならない。海外の様子もこの眼で、本当に摑んだ上で、初めて日本のゆくべき道を決定できるのではないかとも思う。

晋作はある日玄瑞にそのことをしゃべってみた。

おそらくは、なかなか理解し、承知してくれまいと思った玄瑞が、心から理解してくれたのだ。

折も折九月九日、晋作に、幕府の役人について、上海に行くようにという命令が出たのである。

上海で、海外の実情を探索してこいというのである。

玄瑞は、晋作が江戸にくるまでは、この運動に彼をまきこもうとは思わなかった。杉蔵にあてても、

「晋作は地位もあり、識見や能力もある男。数年間学問をして、その後で、存分に国の局面を変えてくれることを願っている」

と書いている。

味方の数は少なくまず藩主の説得を

勉強しようと決心したばかりの晋作が一緒に行動してくれるとも思わなかったし、期待もしていなかった。むしろ、後にのこって、大きな仕事をして貰いたかった。

それに、長井雅楽をしりぞけ、皇妹の結婚をさまたげようとするには、当然、死を覚悟してからねばならなかった。それが、意外にも、江戸にきた晋作は一緒にやるという。人がいないのだから、一緒にやってくれるというのなら、これほど心強いことはない。

だが、結局上海に行くという。玄瑞としては、承知する以外になかった。晋作が玄瑞の行動に参加すると決心したのも、晋作の疎にして狂なる思いつき的態度から出たもの以上ではなかった。

玄瑞としては、晋作の上海行きを承知したものの、自分たちの目的を果たすためには、いよいよ人数も足りず、到底、武力を以て、和宮降嫁を阻止することはできないと考えた。

水戸藩も東禅寺を襲撃したあと、余力はないようにみえるし、薩摩藩はのらりくらりとしている。せめて、長州藩主の駕籠を要して、藩主に和宮降嫁の不可であることを説明しようと考えた。

かつては、松陰の伏見要駕策に反対した自分が今同じことをしようとするのである。松陰が「情勢はこちらでつくるものだ」といった言葉を今更のように噛みしめている。

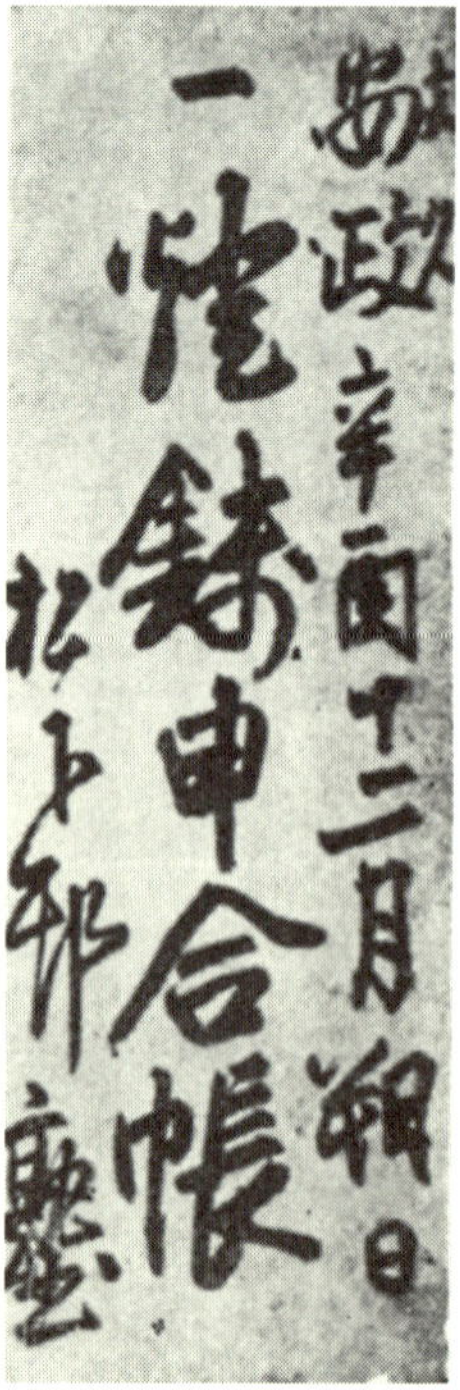

松下村塾一燈銭申合帳
村塾生は毎月六枚宛の写本をし、その筆耕料を持ち寄って貯え、他日の用にたてようとした。写真は標題。

帰国し、萩で一燈銭申し合わせをつくる

九月七日江戸を発ち、京都に着いて藩主を待っていたが、東上の途中、藩主は病気にかかってなかなか上京してこない。しかも、伏見に潜伏中の玄瑞のところに、十月五日帰国の命令が出たのである。終始、彼と行動を共にしていた周布政之助のところにも同じ命令が出た。

政之助は一度は雅楽の航海遠略策に共鳴していたが、玄瑞たちに説得されて、次第に雅楽と対立するようになり、この頃では、完全に玄瑞達にくみしていた。

萩に帰った玄瑞は、一刻もやすんでいなかった。早速、村塾生を中心に一燈銭申し合わせをつくる。

「非常の変、不意の急があったとき、懐中無一文ではいろいろとさしつかえる。これからは、ますます、有志の者が入獄したり、飢渇に迫られる者がふえていく。その人達を助け、義士烈婦の顕彰にも力をつくしたいと思うが、同志中、ありあまる金をもっている者もいない。だから、毎月、写本をして、少しずつ貯金しておきたい。一年もたてば、塵もつもれば山となる道理で、きっと、他日の用にたつと考えられる。富貴、長者と違って、貧者の一燈だから、一燈銭と名づけよう。自分自分の力をつくして、努力したいと思う」

これは、村塾生の大同団結でもあった。

この申し合わせに参加したのは、玄瑞をはじめとして中谷正亮、前原一誠、楢崎弥八郎、岡部富太郎、福原又四郎、寺島忠三郎、品川弥二郎、山県狂介、入江杉蔵、山田顕義、馬島甫仙たちである。

晋作、伊藤俊輔、野村和作、桂小五郎は、後になってこの一燈銭申し合わせに参加している。

各藩有志の連合をかためていく

玄瑞はこれをバックにして徐々に長井雅楽との対決の姿勢をかためていく。暮には、土佐藩の武市瑞山《たけちずいざん》が山本喜三之進、大石団蔵の二人を長州に送って、運動がはかばかしく進まないといってきたが、翌文久二年（一八六二）一月十四日になると、瑞山の密書を持って、再び坂本竜馬が萩にやってきた。竜馬は、玄瑞をはじめ、一誠、正亮、忠三郎、富太郎、松洞などと会談して、二十三日に萩を去ったが、その時、玄瑞は竜馬に託した瑞山への手紙で次のように書いた。

「坂本君と腹蔵なく話しあいました。もはや、諸侯はたのむに足らず、公卿もまた同じである。この上は、草莽の志士たちが団結して事をなす以外にないと、私たち同志の者は考えております。失礼ながら、貴方の藩も私の藩もそのために滅亡したとて、それが正しい道理を遂行するためならば、何でもないことです。両藩が存在していても、恐れ多くも天皇の心である万民平等、平和の世の中が実現できなければ、この国に生きていたとて、何の甲斐もないと話しあっています。ですから、坂本君に話したことを、よくよく、お考えになって下さい」

同じ日、薩摩の樺山三円にあてても、

「このごろの形勢では、藩と藩が合体するなど、到底行なわれないと思います。だから、藩政府は度外において、各藩の有志がお互いに連合して、尊王攘夷の大挙をしなければならぬと思いつとめています」

と書いている。

玄瑞の思想的立場の行きついたところ

玄瑞は、天皇の心を実現するためには、藩も亡んでいい、諸侯も公卿もたのむに足らないといいきったのである。ついに、行くべきところに行きついたという感じである。それは、松陰が死を賭して闘いとった立場であったが、彼は天皇の立場というものをこれほどまでに明確にはしなかった。しかし、玄瑞は、天皇の心をその思想的心情的立場に煮詰め、それを結論にしたのである。そして、二十五才で死ぬまで、その立場は変わることがなかったのである。

後世の人は、この思想的立場をもって、玄瑞を勤王論者として、非常に不完全な人間であるとして、批難がましい説をなす者もあるが、その思想的立場以上に、如何なる思想が、当時の思想的状況で考えられるのであろうか。同時代に、マルクスやエマーソンが存在したとしても、彼等の平等思想や自由の思想の洗礼を受けることは不可能であった。それは、専門の洋学者にもできないところであった。自由民権運動にしても、彼の死後十余年にして、初めてはっきりした形をとって、日本に登場するしかなかったのである。

玄瑞が、日本の伝統思想の中に、活路を発見していったのも当然である。まして、西洋列強の侵略を前にしている時である。そうであるだけ、なおさら、その思想的、精神的依りどころを日本の中に求めざるを得なかったであろう。

ただ、天皇の心といっても、それは具体的な天皇を意味しない。玄瑞が、思想として価値として見出した天皇というのは、絶対の仁慈をもつ天皇ということであり、具体的には、幕府に独立し、幕府の政治に優先することのできる思想をもった天皇ということであった。

それはまた、現実の具体的天皇を批判する思想でもあり得たわけである。だから、幕府を否定し、近代的国家の支柱に天皇を求めることも出来たのである。

切迫する玄瑞達の行動

玄瑞は、長い模索の果てにここに到達した。松陰から学び、雲浜から学びながら、そして自分自身で考えていく中でこの結論を得たのである。その結論のゆるがぬかぎり彼の信念ともなったし、彼の行動力を支える源泉ともなった。この玄瑞の思想的立場が、幕府を中心とし、朝廷を従とする雅楽の公武合体論を絶対に肯定できないことにもなる。

竜馬は、このように毅然とした玄瑞に、ひどく刺激された。一旦、土佐藩に帰ったものの、土佐藩の中で、これ以上、運動をすすめることが不可能であると感じると、三月二十四日、ついに脱藩し、自由の世界に飛び出していく。

竜馬が長州に着いた翌日、即ち一月十五日には老中安藤信正が襲撃され、状況はいよいよ切迫してきた。玄瑞達も、これ以上、雅楽の公武周旋の動きを指をくわえて見ていることはできなかった。他藩士からは、「長藩士は怯懦《きょうだ》ではないか」とまでいわれて、やりきれなくもあった。

二月二十日には、脱藩論まで飛び出す始末。二十五日には、どんなことがあっても雅楽を倒そうと決心。二十七日には、そのための血盟書まで生まれた。血判したのは、玄瑞をはじめとして正亮、清太郎、松洞、弥二郎、徳民、一誠である。脱藩のための費用づくりにも飛びまわる。だが、脱藩のチャンスもないままに、三月六日、雅楽の五罪を論じた書を藩政府にさし出した。

さらに、三月十四日には、下関で西郷隆盛に会う。筑前藩士の平野国臣《くにおみ》も同席する。

その後、玄瑞は、薩摩に乗り込もうとしたが、来原良蔵《くるはらりょうぞう》が薩摩から帰って、薩摩の事情を報告したので、中止するという一幕もあった。やっと、三月二十三日、藩の重役浦靫負《うらゆきえ》に随従して、京都に行くことになった。正亮、清太郎、一誠、富太郎たちも一緒であった。

雅楽の殺害には反対し、再び弾劾書を

四月十一日、玄瑞は京都に着いたが、この時、京都にやってきて、正親町三条実愛《おおぎまちさんじょうさねなる》、岩倉具視などに会って公武周旋をしている雅楽を松洞が斬ろうといったが、なぜか玄瑞はこれに反対した。雅楽を弾劾する上書に一つの希望をもっていたのか、再び四月十九日に、玄瑞、一誠、清太郎、正亮の連名で、藩主に雅楽の弾劾書をさし出している。

それは、「藩主の公武周旋は時勢を慨嘆する所から出ていて、幕府に反省を求めようとするものだが、雅楽のそれは、藩主の誠意をゆがめ、朝廷には礼を失し、幕府にはおもねっている、そのため、朝廷の不平をかうことになった」と指摘し、死罪がふさわしいと述べたものである。

玄瑞が松洞に反対したのは、島津久光の上京を要して久光に尊王の義軍をおこさせようという計画が、薩摩藩士を中心に、着々とすすんでいたことにもよろう。平野国臣などは、朝廷に「回天三策」を提出した。その内容というのは、久光が大阪に滞在中に朝廷から命令をだして大阪、

彦根などを攻めさせ、天皇みずから兵を箱根にすすめるというようなものであった。この時の玄瑞は、「到底、長州藩で尊王の義軍をおこすことは困難だから、わずかの同志ででも、薩藩の大義を助けるしかない」（清太郎への手紙）と考えていた。

そのために、わずかの同志をも失うことを恐れており、また、長州藩の回復には当分手をかしてもどうにもならないと考えていたのであろう。だが、一途に、長井雅楽を斬ることを思いつめていた松洞は、反対されて絶望し、四月十三日粟田山で自刃した。

村塾生の犠牲の第一号である。この憤死は、いろいろ批評はあるにしても村塾生を深い感動にさそいこんだ。

薩摩藩主と長州藩主の対立

その同じ日、薩摩藩士有馬新七、柴山愛次郎、橋口壮助たちが勤王の義軍のさきがけをしようと寺田屋に集まったところを、薩摩藩主久光のさしむけた人達によって

寺田屋　ここで竜馬ら上意討ちにあう。写真は現在の寺田屋。

提供：アマナイメージズ

殺されるということがおきた。

玄瑞達の希望は完全にくつがえり、久光もまた、長井と同じ立場にたつことが明らかとなったのである。しかし、久光の公武合体策は雅楽のそれよりも具体的であった。雅楽が、幕府を主とし朝廷を従としたのに対して、久光のは、朝廷を主とし幕府を従としていた。

久光の動きによって、五月十一日には幕府改革案の勅書が出され、大原重徳《しげとみ》が勅使に任ぜられ、久光はその護衛として江戸に向かうこととなった。

それが、長州藩主敬親《たかちか》には気にいらない。それに久光の京都での評判も大変よい。久光が江戸に行くのといれかわりに、当時江戸で公武の周旋をしていた敬親は、中仙道を通って京都に帰る有様であった。

久光と敬親は明らかにはりあっていたのである。だが、こうした中で、雅楽の意見はひどく色あせてきた。我儘な殿様のこと、そうなると、雅楽も面倒になってきた。玄瑞がその空気を見逃すわけがない。

玄瑞の活発な活動に支持者がふえる

彼はまず、公卿たちに働きかけた。そうなると、公卿たちの固陋も非常に便利であった。

玄瑞の活動があまりにも活発であったので、その報告をうけた藩政府は彼を萩に帰そうとしたほどである。だが昨年と違って、京都にいる人達、宍戸九郎兵衛のような人まで、彼をかばってそれに反対したのである。

当時、田北太中から、藩政府に出した手紙には、

「今、玄瑞のような人間が、一人でも多く必要な時に、これを退けるようなことがあっては、大いに人望を失うであろう。

たとえ帰国するように申しても、彼は死を覚悟している者で、決して無事に帰国するはずもなく、結局、他藩に亡命することは明らかで、かえって、厄介になりましょう」

といっている。

徐々に、玄瑞の支持者が、藩内にふえつつあったことをしめしている。政之助も、

「玄瑞が『雅楽は朝廷に不敬の言を申したてた』といったのは容易ならぬことである」

と申したてて、玄瑞を横から応援した。

事は朝廷に関する事なので、黙過することもできない。やむなく、敬親は、浦靫負を通して、正親町三条や中山忠能《ただやす》にうかがいをたてた。

正親町三条と中山の返事は「あるといえばあるが」というような不得要領の答えであったが、玄瑞達と関係ある公卿からは、雅楽に不利な証言もでてきた。公卿達からみても、雅楽の意見は幕府を主として、朝廷を従とするものであったから、どうしても人気がでない。

雅楽、自刃を申し渡される

ついに、江戸にいる雅楽に帰国謹慎の命がでた。

六月末に雅楽が京都を通過すると知ると、玄瑞は又四郎、和作、俊輔、忠三郎たちと一緒に、雅楽を斬ろうと彼をつけねらった。彼等には、松陰を幕府に渡したという恨みもあったし、生かしておいては、雅楽ほどの人物、すぐにカムバックするかもしれなかった。今、決定的打撃をあたえておく方がよいと考えたのである。

だが、雅楽にうまく逃げられてしまって、ついに討つことはできなかった。

七月四日、雅楽を斬ろうとしたことを浦靱負まで申しでて、一応、謹慎となったが、その日にも雅楽を弾劾する手紙を藩主にさしだしている。彼等の追及は全く執拗である。謹慎の方は形式的なもので、九月十五日には許される。

それに対して、雅楽の方は、七月二十二日に親類預けになり、翌文久三年二月六日に自刃を申し渡されたのだった。時勢に助けられたともいえるが、明らかに、玄瑞達の勝利であった。

その遺書には、

「久坂のほか私党を結んだ連中の軽挙妄動に乗ぜられて、姦物の穢名をうけ、武運つたなく、死につく」

とその憾《うら》みを記している。この遺書が、晋作の父にあてたものであったのも皮肉である。

晋作が上海で見たもの

喜びの中に上海行きを待つ

文久元年九月九日、上海行きの命令を受けた晋作は、その日のくるのを心待ちにしていた。「英国史」を読み、世界地理書である「坤輿図識」などを読んで、その準備もした。親に深い愛情を感じていた彼は、十月二十二日、父から旅行のことであれこれいわれたときには、落涙するほどの喜びようであった。しかし、改めて、兄弟がないために自分にかわって両親のためにその膝下《しっか》でつかえるものがないことを歎ずる晋作でもあった。

また、つれづれのあまり、今後の藩政府の展望について考えてみることもあった。その時、思い出されるのは、福井で会った横井小楠のことである。

横井小楠に強くひかれる

小楠を明倫館の学頭に迎えることができて、思う存分、小楠に識見をふるわすなら、必ず国をおこす基本もたち、したがって、国政も大いに刷新するだろうと思ったりしてみる。どうみても、今日の第一級の人物だと考える。（初番手記）

小楠といえば、「天道覚明論」の著者（偽作という説もあり）として、明治二年一月に殺された人。そこには、

「抑《そもそも》、我が日本は頑迷固陋、代々天皇が血脈を相伝えて、賢愚の差別なく、その位を犯し、その国を私している。本当に忌むべきことである。……

今日は、興張の気運がみなぎっている故に、海外の諸国は自然の道理にもとづいて、解悟発明し、文化の域にいたらんとする国が少なくない。

唯、日本一国が孤島によって、帝王が代らず、汚隆《おりゅう》なき国と思い、暴悪愚昧《ぐまい》の君と雖《いえど》も国を継いでいる」

と、書かれている。

晋作が会った当時、すでに、小楠がこんな思想を明確に持っていたかどうかは不明だが、その萌芽だけは十分にあったということがいえる。晋作は、そういう小楠に強く魅かれていたと考えられるのである。それは、玄瑞が、雲浜に魅かれ、雲浜の天皇思想を積極的に自分の中で発酵させていったのに対して、全く対照的なことであった。もちろ

横井小楠（一八一〇～六九）
幕末の儒者。新政府でも活躍したが、暗殺される。（国立国会図書館蔵）

ん、小楠の中でも、まだ混沌としていた思想だから、晋作の場合は、もっと混沌としていたであろう。

長崎滞在中も寸暇を惜しんで勉学

それはさておき、文久二年（一八六二）一月三日、やっと千歳丸は江戸を出発した。だが、長崎に着いたものの、一向に船は出港しようとしない。

空しく日を送るのも残念とばかり、早速、英人、仏人について、英語、仏語の手ほどきをしてもらう。

ある時は、長崎に住むアメリカ人宣教師を訪ねて、アメリカが、現在南北に分かれて戦争をしていることを聞き、外圧より内乱の方が恐いのではないかと思ってみたりする。アメリカの国王が、初め庶民出身で、後に国王（大統領）になったことを聞いて、日本では、武士と庶民が分かれているが、果たしてどちらがよいのであろうかと考えてみる。

またある時は、フランスの領事から、イギリスは軍艦も多く、世界の最強であるということをしみじみと聞かされる。フランスは、到底イギリスにおよばないというのだ。

千歳丸が長崎を出航したのが、四月二十九日だから、晋作が長崎に滞在したのは相当の日数である。まして外人に遠慮も気おくれもしない彼のこと故、さぞ、収穫も大きかったであろう。その暇には、長崎留学中の木島亀之進、半井《なからい》春軒たちとゆききして、大いに飲み、談じもした。

さらに、長崎における貿易の状況を調べ、今後、長州藩が富国になるためには、どのように貿易をやるべきかなど、その対策をことこまかに報告することも忘れない。

「才の足らないところは、勉強を以て補う」（遊清五録）と書いている通り、彼のハッスルぶりがよくわかる。

揚子江、上海での驚き

四月二十七日、総員五十一名、ことごとく乗船した。うれしいことには、かつて昌平黌で一緒に学んだ浪速の浪人伊藤軍八がいたことである。

二十九日になって、ようやく船は上海に向かって出港した。途中、台風にあって船が大ゆれしたため、酔う者が多かったが、幸い晋作は酔うこともなく、日記もきちんとつけている。

五月三日に、初めて、薩摩の五代才助と語りあっている。才助は水夫となって、この船に乗船したのである。将来、上海に貿易に来る準備だという。アメリカ、イギリスにも貿易で行きたいともらす。

五月五日、揚子江の河口に着いた。晋作はその地形の雄大なことにまず一驚した。河幅は三、四里もあり、あたり一帯は茫々とした原野である。その瞬間、日本は狭いと感じた。

翌日、そこから川蒸気にひかれて上海港に到着した。晋作はここでもう一度驚いた。港には、諸国の商船、軍艦が数千艘もおり、陸上には、これまた諸国の商館が城閣のように建ちならんでいる。港長崎など、到底その比でないと思う。

しかし、午後、上海に上陸してみて、晋作は更に驚かないではいられなかった。中国人街が全く不衛生で大変臭い。多くは貧しくて、年中船に住んでいるようにみえる。それに、大抵外国人に使われて、一日一日その日ぐらしをしている。

彼は、腰をすえて、これらの事をとことん観察しなければならぬとしみじみ思うのであった。

日記「上海掩留日録」

晋作の「上海掩留日録」によって、彼が見たもの、感じたものを見てみよう。

五月七日明け方、小銃の音が陸上から聞こえてきた。これは長髪賊と政府軍が戦っている音だろうと皆は言う。これが本当なら、実戦を見ることが出来るだろうと考えて心中ひそかに喜んだ。夕方、小さな舟が「軍需公務」の旗をかかげて通る。戦争で多忙なのであろう。

五月九日、午後、役人たちは上陸して、宏記洋行に泊まることになった。しかし、部屋が狭いといって、不平をいい、お互いに罵りあうという有様で、全く醜態というほかはない。

五月十日、夕方、オランダ人がやってきて、長髪賊が上海の近くまで迫ってきたので、明朝は大砲の音が聞こえようという。役人たちは心配しているようだが、自分はかえって喜んだ。父に手紙を書く。

五月十一日、午後、中牟田倉之助と航海学がいかに有益であるかということを論じた。中牟田は肥前藩士で、同じ肥前藩の納富《のうとみ》介次郎、深川長右衛門、山崎卯兵衛の二人と一緒に、この航海に参加したもので、航海術を心得、長崎から上海までの航路を調べる目的らしい。その中牟田が航海学の課程には、運用術、航海術、蒸気術、砲術、造船術などがあるという。

次々に外国商館を訪ねる

五月十二日、朝、英書を読む。午後フランス領事館に行き、そのあとフランスの店に行く。大小の機械が山のように積んである。ただ値段が非常に高い。

五月十三日、役人と一緒にイギリス商館に行く。兵隊がケーベル銃を肩に、門を守っている。館内には大砲、小銃がならんでいる。イギリス人に聞くと、中国人のために長髪賊を防禦《ぼうぎょ》しているからこのようだという。商館から三十メートルくらいの所に橋がある。七年前に古い橋がこわれたが、中国人が再建できないというのでイギリスがこの橋を作った。中国人は橋を通行する度に一銭を払うということである。アメリカ商館、つぎに、ロシヤ商館に行ったが、ロシヤ人が礼儀正しいことでは、フランス人以上である。

五月十四日、終日、英書を読む。

五月十五日、この日、中国人三、四名と筆談。

「イギリス、ロシヤ、アメリカ、フランスのなかで、どの国が最も強いか」

「ロシヤが最も強い」

五月十六日、また砲声をきく、千歳丸に五代才助を訪ねる。

それから、伊藤軍八と一緒に中国人をたずねて筆談。

「貴国は堯舜《ぎょうしゅん》以来正義の国、それが今になって、西洋列強の征服にゆだねているのは何故か」

「全く、ひどいことだと思う」

「貴国の近世の人で、アヘン戦争でイギリスと勇敢に闘った林則徐を慕う人は多いか」

「特に欽慕するものは見当らない。かえって、外国で仰慕しているようにみえる」

帰途、本屋で書籍を買う。

上海の実情をみて日本のことを憂う

五月十七日、午前中、中牟田、五代と川蒸気船に行って、いろいろの機械を見せてもらう。

五月十九日、本屋の主人と話す。書籍もいろいろと見てかえる。

五月二十日、朝、中牟田と一緒にアメリカ商館に行く。チャールズという商人がいろいろと話してくれた。彼は横浜に三、四年もいて、日本語も相当にわかった。近いうち、また日本に行くということである。私は彼に「今、一生懸命英書を読んでいる。まだ人と語るところまではいかないが、日日夜勉強して、他日必ず君と大いに語りたい」といった。

午後、西門の兵営に陳汝欽を訪ねた。彼は気概のある男で、僕とは非常に気があった。

五月二十一日、この日一日中、上海のようすを考えてみる。中国人はことごとくといっていいほどに、外国人に使われている。イギリス人、フランス人が道を歩くときは、中国人は皆道をゆずる。上海は中国の土地といいながら、英・仏の植民地ではないか。北京は、ここより、三百里の所にあるというが、必ず、そこには中国の風が残っていよう。

わが国でも、心を用いなければならない。中国の事だといって、安心はしていられない。

五月二十三日、朝、五代と英人ミュルヘットを訪問。ミュルヘットは宣教師で、上海にキリスト教を布教するためにやってきた。彼のいる所は教会と病院をかねていた。すべて、西洋人の宣教師が外国に布教するときは、必ず医師と一緒で、士民が病気で困っているのを治療してやり、それから、キリスト教を信仰させる。これが、宣教師のやり方である。わが国でも、よくこのことを考えておかねばならない。

帰途、「聯邦志略《れんぽうしりゃく》」などを買う。

五月二十六日、役人はオランダの商船に行った。幕府が、船を買うためである。中牟田がついていったが、帰ってからいうには、船の長さ三十六メートルで、二本マスト、五年前につくった船ということだったが、幕府では買うことができなかったとの事である。もし、この船を我が藩で買うなら、大変有益だと思うが、千里も離れていてはどうすることもできない。船価は三万七千ドル。

書を読み人を訪ね見聞をひろめる

五月二十七日「上海新報」「数学啓蒙」「代数学」などの書籍を購入。

五月二十八日、本屋が来る。書籍を買う。

五月二十九日、本屋を訪ねて、書籍を買う。

六月四日、本屋が来て「皇清全図」を買う。

六月七日、晴、城外を散歩する。大南門のところで休んでから、左に折れて、田の間の路を行った。野菜や米、粟の作り方は、少しも日本と違わない。ただ、一面茫々たる田野で、山など少しも見えない。右に折れて西門に行くと、小さな寺がすごく荒れはてていた。長髪賊のためにこわされたということであった。

六月八日、船に五代を訪ねた。五代がいうには、国からの手紙の中に、京都、大阪でちょっとした事件がおこり、我が藩も関係しているという。自分の心はいろいろ心配するが、遠く離れていて、どうすることもできない。むなしく、慨歎するだけである。

午後、オランダ商館に行って、短銃と地図を買う。

六月十三日、中牟田と一緒にアメリカ人の家に遊びに行く。このアメリカ人は横浜にいたこともあり、日本の事情に通じている。その米人が、「大阪が開港されたら、また日本に行きたいと思うが、新聞によると、大阪の開港は幕府では許しているのに、大名はそれを欲していない。そのために、開港は遅れるのではないかと書いていた。大名のなかで、水戸が強大であるというが信じていいいか」という。

中牟田は適当にごまかして、本当のことを言わなかった。水戸藩は嘉永から安政にかけて、有志の士が多く死んでいるから、それもむりはないと思う。

六月十四日、中牟田と中国人の練兵を見る。鉄砲はことごとく中国式で、精巧ではない。その兵法も機械も、すべて西洋式ではない。ただ、兵舎は西洋式である。中国の兵術は西洋銃隊の強さにおよばないことを知る。

六月十六日、中牟田とアメリカ人の店に行き、七連発の銃を買う。

六月十七日、午後、中牟田とイギリス人の所に行き、十二ポンドのアームストロング砲を見る。日本に来ている砲は、たいてい、筒口の方から玉薬を入れるが、これは筒の手もとから入れるので、大変便利である。

晋作が考えた中国の衰微した理由

晋作は中国の衰微した理由を、中国が西洋列強の攻撃を国外で防ぐ方法を講じなかったこと、万里の波涛を乗りきれる軍艦、商船、それに敵を数十里の外に防ぐことのできる大砲等を製造しなかったこと、中国の有志の人魏源（一七九四～一八五六）が著述した「海国図志」などを絶版にしたことにあるとみた。

しかも、魏源の著書は日本ではさかんに読まれ、松陰を初め、玄瑞や晋作たち村塾生の思想を育てる重要な書物になっているのである。魏源といえば、中国清代の学者で、湖南省の農村に生まれ、少年時代に歴史学と王陽明の学を学び、後に経世の学に興味をもって、中国の封建制の解体と西洋列強による中国植民地化という問題を学問的に解明しようとした人物である。

今の幕府は、かつての中国が行なったのに近い政策をなしている。だから、日本が中国のようになる可能性は十分にあるというのが、晋作の二ヵ月の中国旅行の結論であった。

帰国し、藩充実策を考える

七月十四日に上海から帰国した彼は、その結論に基づいて、どうやったら日本が中国のようにならずにすむか、そのためには日本をどうしたらいいか、さしあたって、長州藩をどうしたらよいかを考えた。

案外、もう横浜は上海のようになりつつあるのかも知れない、と考えるとぞっとした。上海は完全に中国の中の外国であったが、横浜はどうなっているのだろう。

長州藩をどうにかしなければならぬと考えても、藩には、丙辰丸のような帆船しかない。それがいかに、能力のない船であるかは、昨年、いやというほどに経験した。どうしても、蒸気船を買うことが必要であった。

それが藩を充実させる第一歩であると考えた晋作は、早速独断で蒸気船の購入契約を結んだ。

だが、藩政府は彼に反対した。金のめどがつかぬというのだ。晋作はあくまで、買うように主張してみたが、その間に売手側が手を引いてしまったので、折角、購入契約まで結びながら、駄目になってしまった。

イギリス公使館襲撃

長州藩の不評に頭を痛める晋作

八月二十四日、京都で藩主に上海旅行の報告をしたあと、晋作は閏八月の初旬には、江戸に出た。

その頃、桂小五郎あてに、

「天下の形勢が変動したのに驚いています。特に我が藩の醜態は残念です。国と共にする時節、今日を失っては、千万年待っても来ません」

と書いている。

というのは、彼は、京都に来てたまげた。

それは、長州藩の人気がすこぶる悪いということである。昨日は航海遠略策を唱えているかと思うと、今日は攘夷論を主張するという具合で、一貫したものを少しももたないというのだ。

折も折、八月二十一日に島津久光の行列が、神奈川の生麦で行列の供先を横ぎった外人を斬るという事件がおこり、これが妙に薩摩の信用をたかめることになった。長井雅楽の航海遠略策にかわって、久光が出した対策も五十歩百歩のものであったが、人気というものはこのようにたあいないものである。しかも、この人気を無視することのできないのが政治の世界である。

晋作としては、不満に耐えなかった。この長州藩の不評の前に、彼の感情はがまんできないところまできていた。カッカとしてきたのである。なんとかしてその不評を回復しなければならないと思いながら、江戸への旅をつづけた。

江戸に来てみると、やはり、長州藩の不人気は変わらない。とくに、藩を中心に事をなそうと考える晋作にとって、これは頭のいたい問題である。

有隣に反対され、亡命を思いとどまる

晋作は、長州藩の名誉回復のために何かをしなければならないと決心した。せずにはいられない気持であった。そのためには、藩を亡命して、身軽な身体になっておく必要がある。それは、京都からずっと考えてきたことでもある。もしも、昨年、亡命して思いきってやっていれば、長州をこんなにまで窮地におとしいれることはなかったのではないかと思うと口惜しくてならない。一度は亡命の志をおこしながら、それを実行しなかったばかりに、今になって、こんなに苦しまねばならないのだ。そう思うと、一刻もがまんできなくなった。

晋作は、早速父親に、「私は、この度、国事の切迫にせまられ、しかたなく亡命致します」と

書き送って、亡命した。

亡命先は、一昨年訪れたことのある、笠間の加藤有隣のところである。だが有隣は、彼の亡命に反対した。あくまで、藩にとどまるべきであるというのである。しかたなく、再び江戸に帰った。有隣のとりなしもあり、松陰先生の墓参りをして、それから寄り道をして遅くなったということで、脱藩の罪に問われることもなかった。

晋作はあらためて、何かをすることで、長州藩の信用をとりかえすことを考えつづけた。

玄瑞「廻瀾条議」など上提

そんなところへ、玄瑞が江戸にのりこんで来たのである。

玄瑞が雅楽を襲撃したことで謹慎になったことはすでに述べたが、この謹慎中に、彼は「廻瀾条議」「解腕痴言」を書きあげてこれを藩主に上提した。

いうところは、今日の急務は正邪の弁を正して、士風をおこし、それによって、通商条約を和親条約の線までひきもどすことにあった。もちろん西洋諸国は簡単に承知すまいから、日本の存立にまで関係するほど容易ならざることだが、国をあげて、断固たる覚悟と態度が望まれるというものである。

そして、身近なところで、吉田松陰の毀誉《きよ》が一定していないのを、一定させるようなことが正邪を正す第一歩でもあるというのである。松陰が国賊だといわれたり、その遺骸が盗賊のそれと一緒になっていることは、玄瑞としてもたまらなかったのであろう。

それにしても、玄瑞はなぜそれほどまでに、通商条約を破棄して和親条約の線まで返すことを熱望したのであろう。明治時代になって、常に条約を改正しようとつとめながら、延々四十年余もかかって、やっとその不平等を改正できたことを書けば十分であろうが、当時の状況に触れながら、その事を記してみよう。

通商条約に基く開港場と貿易の実情

日米通商条約は、箱館・横浜・長崎を開港場とし、江戸・大阪を開市場とすることになっていた。それに、貿易は、日本の役人の監督を受けることなく、品物を自由に売買し、所持し、使用するように決められていた。これは、先進国が後進国を自国の思いのままにできるという条約である。それに加えて、一方的におしつけられた領事裁判権、協定税率などがあった。

この条約で、安政六年六月二日からはじまった開港場の様子、貿易の実情はどんな具合であったろうか。

玄瑞が常に、日本の農民が苦しむといったのは、どういうことを指していたのであろうか。

まず、横浜の居留地は、外人の要求でどんどん拡がったばかりか、その施設はみんな幕府がさせられた。そのかわり、借地料を払うことになっていたが、それを払わない。そればかりか、この地域の行政権まで、完全に外人の手に渡ってしまったのである。貿易では、まず、外国商人が日本商人の見本を見て価格を決めるが、その場合、品物は初めに全部商館の倉に納めておいて、そのあとで品質の検査をし、それから、代金を支払うのである。これでは、品物を抑えられているようなもので自然、価格をたたかれるということになった。しかも、外国商品を買う場合は、現金で、いうなりの価格で買わされるのであった。

しかし、輸出品である生糸や茶はいくら生産しても足らなかった。当然、その生産者は非常にもうかったが、輸出商品の値上がりによって、あらゆる物価が高くなり、人々は、その為に苦しんだ。生糸などは、生産はふえたが、国内にまわる品物は以前の半分に減るという始末。そして、生糸の価格が急騰したので、絹織物業はひどい打撃を受け、京都、桐生など、何千人という織り職が失業したのである。京都では、失業した織り職のために、生糸商が打ちこわしにあうということもおきている。

日本人の無知につけこまれた条約であったといえ、ひどい条約であった。

長州藩の世論をリードしていく玄瑞

玄瑞達が、その条約について全部知っていたとはいえないにしても、条約のために苦しむ者が沢山に出ることは知っていたのである。

玄瑞が「廻瀾条議」で述べたことは、藩主敬親に受け入れられて、それがそのまま、長州藩の藩論になっていくというところにまでこぎつけた。そして、それは、元治元年に玄瑞が死ぬまでつづく。

二十三才の青年玄瑞が、村塾の中心である玄瑞が、長州藩の世論をリードしていく。そこには、島津久光とあくまで争う敬親の立場が玄瑞達に幸いしたともいえる。敬親は、完全に、長井雅楽の航海遠略策を捨てて攘夷論をとったのである。

攘夷督促の勅使を幕府に派遣

しかも京都では、攘夷派の人々が、反対派を次々に暗殺していった。久光は、とうとういや気がさして、鹿児島に引揚げてしまい、京都朝廷の中の公武合体派の人々も退けられた。そうなると、京都は攘夷派の天下である。

九月十五日、謹慎をとかれた玄瑞は、早速、薩摩・土佐の有志達と会合をもち、攘夷督促の勅使を幕府に派遣することを話しあい、さらに、三条実美《さねとみ》、姉小路公知《きんとも》と組んで、攘夷実行の勅旨が下りるように、朝廷に働きかけた。その間、忠三郎たちと集まって松陰慰霊祭も行なった。

十月十日、朝廷は攘夷督促と親兵設置の勅使を幕府に派遣することを決定した。勅使は三条実美、副使は姉小路公知である。玄瑞はこの副使に随行するようにという命令を受けた。

勅使を迎えた幕府は、「不日将軍が上京して、お答えする」という形で勅旨を受け取った。

外国人襲撃、定広の説諭で一旦中止する

さて、十一月二日に江戸に着いた玄瑞は、晋作と合流した。そして期せずして、二人の意見は一致した。外国人を襲撃するということで……。ただ晋作の方は、外国人を襲撃することで、長州藩の信用を回復する手掛りにしようと思い、玄瑞の方は、文字通り、攘夷のさきがけをし、幕府や諸侯の奮起をうながそうとしたのである。

十一日に、玄瑞、晋作のほかに、志道聞多《しじもんた》、弥二郎、忠三郎、熊次郎、赤根武人、松島剛蔵、山尾庸三、大和弥三郎、長嶺内蔵太《くらた》の十一人は品川に潜伏した。翌十三日を期して、外国人を襲うために。

十二日の夜は神奈川の下田屋に一泊し、翌早朝やろうということに手はずを決めた。その時になって、「待った」がかかった。世子定広からである。というのは、この計画を聞かされた土佐の武市瑞山が、そのことを藩主山内容堂に知らせ、容堂は長州藩の世子定広に知らせる一方、幕府にもこれをとめるようにいってやったのである。

世子定広は自ら玄瑞たちを止めようと出掛けて来た。それは、薩摩藩の寺田屋の悲劇をくりかえさぬためであった。

三条実美、姉小路公知からの玄瑞あての使者もやってきて、「今、そのようなことをやるべきでない。折角だが、今度の大志、しばらくゆうよされたい」と説得した。しかも、容堂の知らせ

で、幕兵まで出向いて来た様子である。

玄瑞達は中止するほかなくなった。一度は世子定広の説諭で中止したということになったが、玄瑞も晋作も諦めたわけではなかった。彼等には外人を襲わねばならない理由があったし、それは、少しもなくなっていなかった。

御楯組の血盟書

玄瑞達十一人は、改めて決心を固め、機会があればいつでもやるということを確認して、御楯組をつくり、血盟書までつくった。

「今度私達は外国人を誅戮《ちゅうりく》し、首級をあげることで攘夷の決心を固めるつもりであったが、世子定広侯が出馬して、私達だけでは心細いからということで取りやめました。でも、十三日の決心だけは忘れないで、国家の御楯となる覚悟であります。

同志、一旦連結の上は、進退出処はすべて謀り、個人の意見にしたがわない。

同志で意見が違うときは、どこまでも論じあって、面従腹背はしない。

秘密の事は、父母兄弟にもいわない。万一、召捕られてひどい拷問にあっても、決してその秘密を洩らしてはならない。仲間の一人が恥辱を受けるときは、その残りの者の恥辱である。お互いに死力を尽して、その仲間を助けて、組が不名誉になるようなことがあってはならない。

途中で離合集散し、志を変えないように、皆が力をあわさねばならない」

そして、これに違背するときは詰腹を切らせるというのである。もちろん、これは、玄瑞の書いたものである。その後、この血盟書には、滝弥太郎、堀真五郎、佐々木次郎四郎、山田顕義、吉田栄太郎、野村和作などが参加している。

イギリス公使館襲撃を実行に移す

そして、十二月十三日には、とうとう、品川御殿山にあるイギリス公使館を襲撃して、これに火をつけた。

果たして、これによってどれほどの効果があがったかわからないが、これで、ひとまず玄瑞達は目的を達した。晋作のいう狂挙という表現に近い行動であったが……。その点、青年の客気がそれをやらせたともみられる。

攘夷の急先鋒玄瑞

慎太郎と共に象山を訪ねる

御殿山のイギリス公使館を襲撃した翌日、玄瑞は同藩の山県半蔵と土佐の中岡慎太郎を伴って、水戸から、信州の旅にでかけた。

中岡慎太郎（1837～67）
土佐藩出身。陸援隊々長を務めたが竜馬と共に暗殺される。（国立国会図書館蔵）

その目的は、佐久間象山を長州藩に迎えるため、象山の心を打診することであった。玄瑞は桂小五郎から、象山におくられた島縮緬《ちりめん》の土産物を持参していた。一方、慎太郎も、同じく象山を土佐藩に迎えるというのが、その目的であったが、慎太郎の方は、藩主容堂の手紙を持参した正式の使者であった。もちろん、玄瑞はそのことを知らない。こうして、玄瑞と慎太郎は、同じ目的のようで、その実、全く違う目的をもって、一緒に旅行に出たのである。

　水戸への途中、水戸藩の農民に尊王攘夷の思想が普及し、士気がさかんなことに、玄瑞達は改めてひどく感心しながら、十二月十七日、水戸に到着した。

　水戸では、住谷悦之助、岩間金平、河瀬教文、片岡為之助などに会い、お互いに、攘夷のために挺身することを誓い合う。

佐久間象山（一八一一〜六四）
幕末の儒者。この写真は自ら作った「留影鏡」で撮ったもの。攘夷論者に暗殺される。

　十二月二十日に水戸を出発して、二十三日には高山彦九郎の墓に詣で、目的地の松代に到達したのは二十七日であった。

　象山は、安政元年九月、松陰の下田踏海に連座して、蟄居《ちっきょ》を命ぜられていたが、玄瑞達が到着した二日後には許されることになった。約九年間の蟄居生活だったわけである。その赦免は、毛利敬親、山内容堂が、さかんに幕府に働きかけたためでもあった。

　彼等の招きに対して、象山は、松代藩の旧弊を一掃する仕事があるからといって、即座に断った。

攘夷の困難さを改めて考える

十二月三十一日、玄瑞は周布政之助、来島又兵衛にあてて、つぎのような手紙を書いている。

「兵制、砲台、軍艦のことについて、この先生はなくてはならない人だと思う。招聘を拒絶されたことは非常に残念だ。

これからは当分、有志の人を択んで象山について学ばせることが必要である」

彼としては、その抱懐する攘夷論を真向から否定され、その意見を異にしたが、象山からは、これからもっともっといろいろ学び、吸収しなくてはならないと考えるのであった。同時に攘夷の容易でないことも考えた。たとえ、統一国家としての日本を建設するための手段としての攘夷であり、幕藩体制をゆさぶるための攘夷であったとしても、まかり間違えば、日本の独立をなくしてしまう可能性も十分にあることを考えて、玄瑞は身震いする。それこそ、慎重に、且つ大胆に、攘夷を実行しなくてはならないと考えるのであった。

しかし、玄瑞の、イギリスが強国になっていったのは闘いの中でであり、闘いを恐れることなく、全国民が一丸となって闘いに直面していったからだという確信は、いよいよ強くこそなれ、決して揺ぐことはなかった。日本がイギリスのように強国になるためには、日本もまた、イギリスの歩んだ道を歩むことで、その過程で、日本を近代的な統一国家にしたてあげることが必要なのである。

新たなる自信をもって京都へ

玄瑞は、象山を傑物だと思った。そして、長州藩に招くことができないのを残念に思った。しかし、結局、象山は幕府体制のなかで日本の独立をいろいろと追求していく人物。その点で、窮極的には、自分と象山とは立場を異にし、象山の思想とは相容れないこともはっきり知ったのであった。

これが、松代を訪れて、象山を見た上での、玄瑞の結論であった。そのために、象山の意見と噛みあわず、象山が独り喋るのにまかせたのであった。

象山の家を辞する時こそ、彼の前で、ただただ意見を聞くことしかできなかった自分を口惜しいと思ったが、冷静になってこれだけの事を考えたとき、玄瑞はあらためて自分の立場を思い、確信を深めるのであった。

こうして、新たなる自信をもった玄瑞は、翌文久三年（一八六三）一月九日、京都に帰ってきた。

文久三年になると、前年に引きつづいて、暗殺はますます猛威をふるった。京都は狂気じみてきた。それに、欲求不満の浪士たちのヒステリックな反抗も加わった。しかも、この時代風潮に便乗して、勤皇に名をかりて、諸国の富商を襲う者も、次々と出現した。

玄瑞はこういう情勢を最大限に利用していった。そしてその情勢を最大限に利用するために、江戸にいる晋作や小五郎には、至急上京するように手紙を書いて応援をたのんだ（正月十二日）。二十七日には、玄瑞は忠三郎、剛蔵たちと一緒に、土佐藩の武市瑞山や平井収二郎、津和野藩の福羽美静《ふくばびせい》、肥後藩の宮部鼎蔵たちと会って今後のことをいろいろ協議したし、二月十一日には、忠三郎とともに鷹司輔煕《たかつかさすけひろ》邸に行って、攘夷期限の決定、人材の登用、言論の自由をせまったのであった。

加茂、石清水行幸おこなわる

さらに十六日には、玄瑞の主唱で、攘夷親征の第一弾として、天皇が加茂、石清水に行幸する議を計画し、それを、世子定広から、上提した。その結果、三月十一日、天皇の加茂神社行幸。ついで、四月十一日には、天皇の石清水への行幸がおこなわれた。

こうした状況をなんとか変えたいと考えた公武合体派の公卿たちは、島津久光や松平春獄、山内容堂に応援をたのんだ。しかし、久光たちは上京したものの京都に燃えさかるこの火を消すことができず、結局、三月下旬には、それぞれの藩に引揚げてゆくしかなかった。

そして、容堂が京都に出て行く過程で、平井収二郎は切腹、武市瑞山は謹慎になる。

それはともかく、玄瑞達の打った一連の手に、京都にいる攘夷派の志士たちは、欣喜雀躍《さんきじゃくやく》した。彼等の多くは、玄瑞達と違って、本当に攘夷を考え、攘夷ができると錯覚している連中である。

外国と交流すれば、日本が汚れると本当に思いこんでいる連中である。

しかし、さすがの玄瑞も、加茂、石清水の行幸を前にして、志士の志気が昂揚してゆくのを、まのあたりみたときには、本当に、攘夷が可能になるのではないかという錯覚に陥りそうであった。案外、その錯覚に陥っていたのかもしれない。

玄瑞ら、大組や士分に抜擢される

幕府もとうとう、五月十日を攘夷の期限にするように決定しなければならなかったほどである。

こうした状況の中で、四月十五日、玄瑞は忠三郎たちと京都をたって帰国の途についた。藩政府に京都の様子を報告するためである。

この時、彼は、大組に抜擢された。大組といえば、晋作や小五郎と同じ身分である。階級制度の厳しい封建制度の中で、どうにか、思う存分活動できる身分になったのである。

同じくその年の一月には杉蔵、狂介、弥二郎が、三月には俊輔が七月には和作と栄太郎が、それぞれ、士分にとりたてられた。

「松陰に学んで、国家のために尽すところがあった」というのがその理由である。村塾に学んだ者で士分でない者は殆んど士分になったのである。それと平行して、六月には藩政府も、「当今、事務に長じ、才能、人望あるものは機密の参謀に、草莽の人間から採用する」という藩令を出してさらに広く人材登用をしようということになった。長州藩は急速に変わっていったのである。

山口には四月二十六日、到着した。京都の様子を報告した後、直ぐさま同志とともに下関に急行した。下関こそ、攘夷を決行する場所である。玄瑞は光明寺に本拠をおき、それを光明寺党と名づけ、中山忠光を迎えてその党首とした。忠光は、忠能《ただやす》卿の子で、九州地方の攘夷派の志士を糾合しようとして、京都を出発し、九州各地をまわっていたが、うまくいかず、当時、萩に滞在していた。

攘夷決行するものの反撃の被害は大きい

攘夷の日はとうとうやってきた。この日、玄瑞は夜襲と決定して光明寺党をひきい、軍艦庚申丸で、下関を通過する米船を砲撃した。

ついで、二十三日には仏艦キンシヤ号を、二十六日にはオランダ艦メジユサ号を砲撃した。ここまではよかったが、六月一日米艦ウィオミング号は積極的に攻撃してきたので、庚申丸は撃沈され、陸の砲台は粉砕されてしまった。

さらに、六月五日には仏艦セミラミス・クンクレート号が攻撃してきて、市街の各地からは火災を出し、上陸してきた陸戦隊のために砲台は破壊されるという散々の目にあった。死者は七、八百人であろうか。

百姓町人は、武士というものはあのように役にたたぬものかと歯噛みした。代わって戦いたいぐらいの気持が多かったことを示している。

この状態で、高杉起用があるが、そのことについては後に触れる。

だが、この敗戦で普通の藩士達がしゅんとしたのに対して、攘夷派の藩士達はますますいきりたった。

攘夷を徹底化するため東奔西走する

玄瑞は、六月一日、五日と下関がやられるのを見ないで、五月二十七日に山口を発して、京都に急行した。それは、下関の戦況を報告することもあったが、隣藩小倉が外艦の攻撃に協力しなかったことを告げて、攘夷の徹底化をはかるためであった。六月五日、朝廷は小倉藩に注意した。しかし、小倉藩は、具体的に攘夷をやることに、すこぶる疑問を抱いていたので、聞きおく程度を出なかった。

こえて七日、朝廷では、毛利父子のうち一人は上京するようにということをいいだしたので、玄瑞は、それを伝えるべく、京都をたって、また山口に向かった。山口に着いたのが十二日。朝廷の意向を告げるとそのまま下関に行き、さらに、京都へひきかえしていった。

全く、席の温まる日もないあわただしさである。

玄瑞にとっては、京都朝廷を徹底的に攘夷に踏み切らせることで、各藩をいやおうなしに攘夷にもっていくことが大切なのである。彼の活躍にはいよいよ拍車がかかっていった。

尊攘派の方針と公武合体派のクーデター

玄瑞と前後して京都入りをした真木和泉は、京都朝廷の進むべき道を明らかにした。

一、親征の典をあげて、攘夷の権をとる。
一、暦本の制をあらため、弊制をあらためる。
一、親征の部署を定める。
一、土地、人民の権を収めて、租税を軽くする。
一、都を大阪に移して、旧弊を打破する。

これは、そのまま、尊攘派の志士たちの気持であり、方針でもあった。ここには、幕府の権力を朝廷にとりかえすことがはっきり出ている。このことは、単なる攘夷派が攘夷討幕派に脱皮することでもあった。

だが、在京の諸藩主は、討幕はもちろん、長州藩が提唱し、既に実施の段階に入った攘夷にも賛成していなかったから、玄瑞達は、彼等を説得していくことが必要であった。

しかし、この頃ふたたび、公武合体派の公卿や諸侯は、ひそかに京都朝廷の主導権を奪回しようと計画をすすめていた。

さきに、五月二十日の深更に姉小路公知を殺害したという嫌疑が薩摩藩士田中新兵衛にかかり、それがもとで、薩摩藩士は皇居の出入りを禁止されてしまっていた。その結果、京都は長州藩を中心にして動くことになったが、これはもちろん、薩摩にとっては我慢ならないことである。

そこで、薩摩は、会津と結びついた。そして、八月十三日、神武帝の山陵、春日神社に行幸するという詔勅で、京都の動きは決定したかの如く見えたとき、公武合体派の、反長州にたつ人達は全力をあげて、これを潰しにかかった。

中心になるのは、中川宮であり、会津、薩摩の藩士たちであった。この運動はとうとう成功する。即ち、八月十七日、突如として公武合体派の公卿たちがすべて朝廷に呼びよせられ、皇居は会津、薩摩の武装した兵隊で固められて、攘夷派の公卿や長州藩士は一人も皇居内に入れないという、事態の急変がおこった。

長州藩、混乱の中におちこむ

公武合体派のクーデターは成功したのである。八月十八日になると、中川宮を中心に、守護職松平容保《かたもり》、所司代稲葉正邦たちが集まって、朝廷の陣容を一新し、同時に、攘夷延期の勅書が出された。

いうまでもなく、長州藩の皇居警備は解かれ、かわりに、薩摩藩が警備についた。

長州藩は地団太を踏んで口惜しがったが、今更どうすることもできない。翌十九日三条実美、三条西季知《すえとも》、東久世通禧《みちとみ》、壬生基修《みぶもとなが》、四条隆謌《たかうた》、錦小路頼徳、沢宣嘉《のぶよし》の七人は、長州藩士にまもられて、長州におちていった。

こうして八・一八の政変をきっかけとして、攘夷派は大きな暗礁に乗り上げることになった。

玄瑞としては、長州藩一藩でなく、なるべく多くの藩を攘夷にまきこみ、混乱をおこし、そこからたちあがる力を期待し、予想していたが、その期待ははずれて、長州藩だけが攘夷にともなう混乱の中に放りこまれるという最悪の状態をみなければならなかった。

だが、京都しか知らない結局は因循な公卿たちを、京都から外に引き出し、もっと広い世界を見る機会に遭遇させたことは、よかったのではないかと、わずかに心を慰める玄瑞でもあった。

しかも、孝明天皇の、

「これまでは、あれこれ、真偽がわからなかったが、十八日以後のことこそ、本当にわたくしの心である」

という言葉を聞いたとき、玄瑞は、具体的な天皇の意見は、側近にいる者次第でどうにもなるものであり、信ずべきは、天皇そのものでなくて、代々の天皇が志向したにちがいない独立と仁慈という思想であることを、改めて思い知るのであった。独立と仁慈は道理である。

現実の天皇は、その道理に規定される存在でなければならない。その時、初めて、天皇といえる存在であった。それを胸にきざみこむ玄瑞であった。

八・一八を口惜しがる尊攘派の人達

妻の文にあてた手紙に、

「去る十八日のこと、いかにも口惜しきは、わるものども数千人、禁裏様をとりまき、そのうえ御国でまもっていた御門まで、外の人にあずけたことである。全く、けしからぬ、にくき、口惜しきわざである。いかにもいかにも残念である」

とあり、彼の口惜しがりようが、よく感じられる。

萩から帰った中山忠光は、土佐の吉村寅太郎、備中の藤本鉄石、三河の松本奎堂《けいどう》たちと八月十七日、大和に兵を挙げて、天皇親征の先駆をなそうと志したが、八月十八日の政変で、事志と違い、亡んでしまった。いわゆる天誅組の変である。

平野国臣も、八・一八の政変で大勢が逆転したことを口惜しがり、再び、攘夷討幕派が京都での指導権を回復することをねらって、長州に行っていた沢宣嘉を党首に、長州藩の河上弥市、薩摩藩の三玉三平、但馬の豪農北垣晋太郎、庄屋中島太郎兵衛たちと一緒に、生野に兵を挙げた。

一時は、農民たちを味方にして、二千人も集まるほどであったが、いまだ十分に組織されていない農民たちは、周囲の諸藩が兵を出すと、逆に、その竹槍を彼等にむける有様で、結局破れてゆくしかなかった。

晋作の苦悶

藩に帰って藩を固める時だ

晋作はイギリス公使館を焼打ちしたものの、それほど彼の目的が達せられたとも思えない。少しは役にたったと思い諦めてみるものの、それでは、納得できない。

晋作はあらためて、全くの狂挙にすぎなかったと思いはじめる。感情に激したあまり、狂挙したことがくやまれてしかたない。彼の心はめいりこまずにはいられなかった。玄瑞からは、京都の様子を知らせてきて、

「すぐに上京するようにしてほしい」

と手紙がきたが、彼はどうしても乗気になれなかった。自分のはねあがりが悔しいのである。そう考えると、京都に行くのがおっくうであった。しかも冷静になった晋作には、

「自分の名を知られたい為に、行かなくてもよい公卿の所へ出掛けて行って議論などしていることは、まことに憎むべきことだと思う。それが、白面の少年に至るまで大言壮語する習慣を身に

つけ、本当の実践など全く地を払って、目もあてられない有様である。

僕なども、その書生の一人に入っているかと思うと、慙愧《ざんき》にたえない。

藩主も破約攘夷に決して、長州藩をなげうつことを考えたならば、公卿へ出入りすることも、諸侯に周旋することも、水戸や薩摩、土佐の藩士たちと謀ることも、我が藩の士が京都や江戸で散財することも、さらに、藩主親子が京都にいることも、全く無益だと思う。こんなことでは、到底、破約攘夷の決心はつきかねる」

と考えられるのだ。すみやかに藩主以下長州藩に帰って、藩をかためる努力をしなければならぬときである。そうしてこそはじめて、本当に日本のために、真の独立を闘いとれるのではないかと思う。

十年間の賜暇願いを出す

しかし、世子定広から上京してくるようにという手紙を受け取ると、晋作としても、その手紙を無視して上京しないということはできない。

そこで、文久三年三月、晋作はいやいやながら、京都に着いた。

京都に着いて、まのあたりに有志の士が周旋してまわっているのを見た彼は、一層、それが空しく見えてくるのをどうすることもできなかった。玄瑞が華々しく活動しているのを見ると、何か目的は違うところにあるらしいとも思うのだが、所詮、自称有志の人と同じ行動に走っているように思われてならない。

早速、晋作は政之助に、自分の意見を述べてみた。政之助は、

「それはいう通りだが、その議論は余りに急激な論である。今から十年もたてば、その時期がこよう。それまでは、少しでも幕府の力を弱めることが大切である。だから、それまでに学習院用《よう》掛《がかり》の仕事についたらどうか」

といって、相手にしてくれない。

晋作はむくれ、果ては怒ってしまった。

「十年後にそういう時機がくるなら、十年の間、それを待ちましょう。それまで、お暇を貰います」

といいだした。いいだすと、決心を変えない晋作である。政之助も、彼の十年間の賜暇願いを世子定広に伝達する以外になかった。

剃髪したものの、じっとはしていられない

晋作は、その決心を示すために、頭を剃って僧形になった。そうなると、世子も、彼の願いを聞きとどけるしかなかった。

西へ行く人を慕うて東行く
我が心をば神や知るらむ

の一首をつくって、それからは、晋作は自分を東行と呼んだ。藩論とあわず、だからとて、政治への関心を捨てきれない一人ぼっちの寂しさを、西行に託して、自分一人なぐさめたのである。

だが、世の中は動いている。晋作の考えとは無関係に、時勢はどんどん、切迫化していた。そうなると、晋作としても、じっとしていることはできなくなった。彼の中の感情の虫が承知しないのである。

僧形のまま、晋作は、さっそく玄瑞と一緒に土佐藩の福岡孝悌《たかちか》に会ったり、政之助に摂海防禦の意見書を出したり、姉小路公知に意見を述べたり、方々を飛び廻っている。

この頃晋作は何かを計画して、血盟の組織をつくろうとしている。それはあきらかでないが、自らの昨年の狂挙を反省した晋作が、まだ半年も経たないのに、再び狂挙（？）を計画した。計画せずにはいられなかったのだ。おそらく彼は、自分の血気に苦笑しながら、計画をねったことであろう。自分で自分が制御できないのを口惜しいと思ったかもしれない。だが、この時の計画は誰一人賛成するものもなく、中止するほかはなかった。

当面の課題は理性と感情の統一

三月二十六日、晋作は孤独の心をいだいて京都を去った。彼は、松陰が常に彼にいっていた、「十年後に、国家のために計画するとき、晋作に相談しよう」

という言葉を思い出して自分を慰めた。そして本当に、長州藩が、日本が、自分を必要とする時まで、静かに勉強しておこうと考えるのであった。

玄瑞が、常に自分を失わずに、現実の中で自分の全存在を注ぎこんで問題ととりくんでいるのを、うらやましい、時にはいまいましいとも考えることがあったが、自分はこれまで、一時的に激情にかられて行動をするしかなかった。今度こそ、自分も全存在でとりくみ、後になって後悔しないような行動ができる時まで、静かに自分をきたえて、その時を待とうと晋作は決意するのであった。

それが、また、自分にも長州藩にも必要なことではないかとも思うのだった。京都は、玄瑞にまかしておけばいいとも考えた。

四月十日、萩に帰った晋作は、松本村にひっこんで、読書の毎日をすごした。久しぶりにのびのびとした生活であった。感情と理性を統一させるということが、感情のままに動くことがそのまま理性に支えられたような行動になることが、晋作の当面の課題であった。そう思うと、晋作の心は自然に充実してくるのであった。

勇気と自信をもって進んでいく

だが、晋作のこのような生活も長くはつづかなかった。五月十日には、下関で攘夷の火ぶたがきられたのである。晋作の血はまたもさわぎ出した。そうなると、到底、彼は書斎人にとどまっていることはできなかった。

五月二十日、久保清太郎に手紙を出して、長刀《なぎなた》を買うように頼んでいる。彼としては、刀でも撫さないではいられなかったのであろう。

既に述べたように、戦いは散々の敗北であった。藩政府は晋作を急ぎ起用することを決定したのである。六月三日のことである。六月六日には晋作はもう下関に来て、いろいろと戦闘の様子を聞いてまわった。驚いたことには、藩兵は予想以上にだらしなかった。これでは、外国人に馬鹿にされる以外にない。だが、笑うものは外国人ばかりでなく、同じ藩内の百姓町人であった。

戦場をかけめぐっているうち、晋作にはだんだんと勇気が湧いてきた。それ以上に、彼は長い間、長州藩を中心に、藩を強力にすることを考えつづけてきたが、今は思う存分にそれととりくめるときであると思うと、なんともいえない力が生じてくるのを感ずるのであった。それは意欲であり、しかも、彼の理性に支えられた意欲であった。

今度は、自分の中の激しい感情だけが独走するのでないことをはっきりと知った。やれるという自信も生じた。また、どんなことをしてもやらねばならぬと思うのであった。

いよいよ、自分も玄瑞と肩をならべて、仕事をする時がきたのである。彼の心は、ともすれば奔馬のごとく走りそうであった。だが、今迄の彼とは違っていた。

イギリス公使館を襲撃した時から、僅かに半年しか経ってはいなかったが。

奇兵隊創設

晋作、奇兵隊を組織する

文久三年六月七日、晋作は奇兵隊を組織した。それは、藩の正規軍に対し、少ない兵隊を以て敵の虚をつき、神出鬼没して敵をなやまし、常に奇道を以て勝を制するのをたてまえにしたから、この名前がつけられたのである。そしてそれに相応して、

「有志の者で、陪臣、軽卒、藩士を択ばず、同様に相交わり、専ら力量を尊び、堅固の隊を作ろう」（六月七日の手紙）

としたのである。だから、奇兵隊に参加するものは、これまで藩の小銃隊にいた者もあれば、小役人であった者もいた。なかには、正規軍にいた者からも参加したいといってきた。そればかりではない。農民や町人で参加したいという者を少しも拒まなかったのである。

晋作は、奇兵隊を結成するために、あらゆることを考え、いろんな角度から配慮を怠らなかった。彼のなかには、かつて村塾で、チンピラの三少年までふくめて、足軽の子、百姓の子、医者

の子、町人の子が一緒になって勉強したことが思い出されていた。しかも、彼等はそれぞれに、上級藩士の子弟よりも立派に育っている。

また、長崎で聞いた、士民が分離していないアメリカの事も思い出していた。そのアメリカ軍と闘って、現に負けている。ロシヤ艦隊を相手に、勇敢に対島で闘った島民のことも、対島藩士からいろいろ聞かされていた。それに、今度の下関の闘いを見て、百姓町人は、我がことのように口惜しがっているというではないか。光明寺に陣どっていた光明寺党の戦いぶりもきいた。僅か、数十名にすぎなかったが、志をもった者は、単なる正規軍の士気とは比較にならなかったのである。

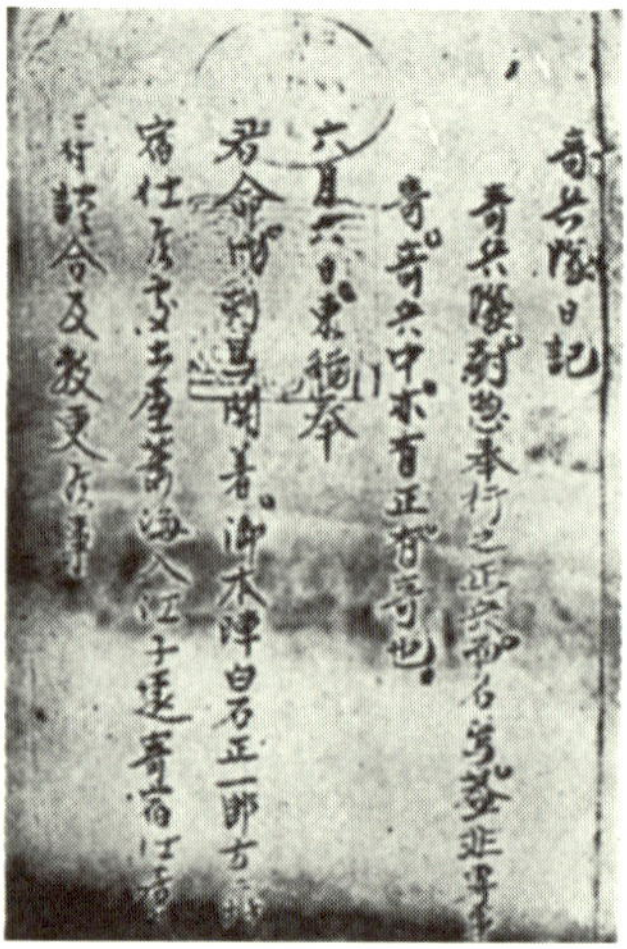

奇兵隊日記
四国連合隊来襲や征長の役の時活躍した奇兵隊の日記。

中国で、太平天国軍が、勇敢に英仏と戦っているのをつぶさにみてきたことも参考になった。

晋作は、あれこれと考えた末、結局、この光明寺党を母胎に、百姓、町人、漁師を加えて、奇兵隊をつくればいいという結論をひきだしたのである。

厳しい軍規で隊を統率する

出来あがった奇兵隊は、そこに、自然、農民の立場が考慮された。
「奇兵隊の諸士の一言一行は、防長二国の人達の手本となるようになくては、あいならぬ儀と思う」（奇兵隊日記）
「元来、奇兵隊中の人々は農民の手本となり、万事、隊中を見習ったら、自然に士気もあがり、遂には、防長二国の正気もあがろう」（奇兵隊日記）
そのためにも、奇兵隊は厳しい規則で、隊を統率する必要があった。それに奇兵隊は、いってみればいろんな人達の雑然たる集団にすぎない。それが奇兵の実力を発揮しようとすれば、厳しい統制と訓練が必要であった。晋作は、平野国臣たちが農民を武装することに成功しながら、結局、破れるしかなかったことも、十分に配慮したことであろう。
七日には、軍規が発表された。
一、諸戦士は、命令を伍長にきき、伍長は命令を総督にきき、一隊一和が肝要である。
一、隊中、みだりに、他行をなすべからず。
一、酒宴、遊興、淫乱、高声を禁止する。
一、喧嘩、口論すべて無用のこと。
一、陣中、敵味方強弱批判停止のこと。
その軍規を破ったということで、隊士の笹村陽五郎が、皆の前で切腹させられるということもおきた。いかに、奇兵隊が、軍規厳正であるように努力されたかということがよくわかる。

奇兵隊の発展とその位置

奇兵隊は、はじめ白石正一郎の宅を使用したが、次第に人数がふえるにつれて阿弥陀寺に、更に極楽寺へと移った。

しかし、下関の対岸にあたる小倉藩が全く傍観しているのでは、うまくない。そこで、小倉藩の大里か田ノ浦を借りて、ここに砲台を築くことになった。交渉に行ったが、もちろん、小倉藩では承知しない。やむなく、奇兵隊は田ノ浦を占領し、海峡守備をかためた。

占領された小倉藩は、幕府に訴えて、その裁決をまつ以外にはなかった。

それと一緒に、アメリカ、フランスの軍艦にこわされた前田、壇ノ浦の砲台の修理にかかった。いうまでもなく、いろいろな職業の者がいる奇兵隊である。修理は非常な短時間でできあがった。それは、戦場になった村々の年貢を免除したり、戦災者や戦死者を厚く遇したことも手伝って、多くの人達が砲台修理に参加したこともその原因であった。自然、奇兵隊への信用もたかまっていった。こうして、奇兵隊は徐々に発展していったが、長州藩のなかで、奇兵隊がどのような位置を占め、正規軍とどのような関係になるかということには多くの問題があった。

たとえば、大組を以て結成された先鋒隊との関係である。先鋒隊は、ことある毎に奇兵隊を蔑視した。それがきっかけで、奇兵隊が先鋒隊になぐりこみをかけるということがおきており、先鋒隊も奇兵隊士を要撃している。これは、両方の責任者を罰することで一応おさまったが、下関の危機がうすくなるとともに、ついに奇兵隊は下関から小郡《おごおり》に移されている。

そのことが原因で、晋作は、九月十二日、奇兵隊の総督をやめて、その職を河上弥市と滝弥太郎にゆずらなければならなかった。

弥太郎は、松陰門下で、文久二年の、晋作、玄瑞の攘夷血盟書に参加している。

吉田栄太郎、屠勇隊結成

この奇兵隊の結成と平行して、松陰門下の吉田栄太郎は部落民の軍隊をつくることを思いついて、藩政府に献言した。藩政府は七月八日、その意見をいれて屠勇隊結成を許した。そこで、百軒に五人の割合で、部落民が組織されることになった。この屠勇隊は、のちに、一新組として、幕府軍とも闘うのである。

松下村塾に町のチンピラを連れて来て、松陰の教育を受けさせたのも彼であるが、自ら、足軽の子として、封建的な階級制度の矛盾を痛いほどに感じていた彼でもあった。松陰が安政五年十二月に、再度下獄したとき、罪名論をひっさげて、藩政府を追及した一人であったが、その時、足軽の身分であるという理由で、士分の前原一誠たちが許された後も、なかなか許されなかったということがあった。

これが、松陰や村塾の人達から遠ざかる一の理由となった程に、そのショックは大きかったのである。晋作や玄瑞達が、大組の子弟として、あるいは、すぐれた兄をもっていることを、なんの気なしに話し、そして振舞うことが、名字帯刀も許されていないような家庭に育ち、早くから働かねばならなかった彼にはこたえた。感受性豊かで非常に鋭い頭をもった栄太郎には、その一つ一つが劣等感のたねでもあった。栄太郎は深い沈黙の中で、このことをとことんまで考えていたのである。二年間の長きにわたって。

そんな彼が、それよりも、もっとひどい立場にある部落民の爆発力や革命力を考えたとしても不思議ではない。彼は部落民を解放するとともに、そのエネルギーを時代の変革に役だたせようとしたのである。

民衆の中に多くの諸隊生まれる

奇兵隊の結成についで、つぎつぎと諸隊が結成されていった。すなわち、下関の奇兵隊に対して、三田尻の遊撃隊、山口の八幡隊、小郡の集義隊、上関の義勇隊である。

遊撃隊は、定員百名という大部隊であった。

それと同時に、

「条約破棄で、日本の浮沈にかかわるようになったから、一命をなげうって、各人、その分に応じて、相働く覚悟がなくてはならない」

という藩令を出して、積極的に農民の武装化をはかった。

小郡地区では、郷友隊、狙撃隊、自力隊、社僧隊、東律隊、佐分利隊、エレキ隊、小野隊、御楯隊と、二千五百人もの人間が組織されたことになる。

これは、民衆の危機意識が、村々にまで浸透したことをしめすし、その郷土防衛の意識が、多数の諸隊を結成するほどにもりあがったということができよう。

晋作が奇兵隊の総督であったのは、わずかに三ヵ月にすぎなかったが、彼は、その生みの親であり、つねに諸隊の中心になって働く奇兵隊、長州藩を背負ってたつ奇兵隊を結成したことで、十分満足できたことであろう。

第三部

袂を分かつ晋作と玄瑞

二人の進む二つの道

藩をこえた志士の連合を主眼とする玄瑞

玄瑞にとって、長州藩一藩だけを攘夷にたたきこんだことは全くの予想外であったが、その一藩をたたきこむことだけで彼は十分に満足した。かつて「日本が興隆するのは防長二国から」と、はじめて江戸に行くときに書いたが、今度の攘夷をきっかけとして、防長二国が面目を一新して、全く生まれ変わることが予想できたからである。

それに、玄瑞には、晋作のように、防長二国にあくまで執することはいけないのではないかと思えた。

討幕のためには、そして、天皇を中心とした統一国家をつくるためには、全国の有志の士の横の連絡が、全国的規模にまで、もりあがる必要があると思えたのである。その組織的な力を長州藩が応援するか、反対に、その力を長州藩がバックにするかは、その時の状況によればよい。

いずれにしろ、各藩のもっている土地、人民の権を朝廷に帰するたてまえからいって、当然、長州藩はなくならなければならないものである。中心は、どこまでも、藩をこえた志士たちが、藩をこえて、連合していくのが基本でなければならぬ。

下級武士、民衆の志と怒りに依拠した行動を

それに、玄瑞が大組に抜擢されたといっても、元々下級武士であり、藩主親子にはなじみがない。それに、親兄弟もなく、身軽な立場にあった彼だから、このことを比較的容易に考えることもできたのかもしれない。それでなくとも、理づめで考える彼である。

下級武士であるために、世襲制度の強い藩では志を得ることもできずに、しぜん脱藩して、志を天下にのばそうという人々の気持も、よく理解できたのかもしれない。

封建制のなかで、がんじがらめになって、自分の希望をのばすことのできない下級武士、それに加えて、農民、町人の夥《おびただ》しい数。玄瑞には、その志の逞しさに、その怒りの激しさにこそ、信頼がおけたのである。

藩にとどまるということは、結局、その禄に執着することであり、その身分に恋々とすることではないかとも考えられるのである。

変革のためには、すべての古いものを断固としてたちきっていく姿勢が必要だったのである。玄瑞には、そう思えたのである。彼は医者の家に生まれたということもあって、比較的自由にものごとを考えることもできたのである。いってみれば、彼は幕末の知識人であった。もちろん、

彼は最も古いものにもよりかかっており、それが古いということは意識できなかったのであろうが。

藩割拠論に固執する晋作

それに対して、晋作は、あくまで藩割拠論に終始した。それに固執した。討幕のための手段としての藩であり、根拠地としての藩であった。

討幕のためには、まとまった力が必要であった。それも、非常に強い力が必要であった。それは、集団の力でなければならなかった。

藩では、何千、何万という人間も動員できる。討幕の思想や意識のない者でも動員でき、それを、討幕のために活用することもできるのだ。

藩は、それ自身、集団であるからである。その上に、最も強いことは、藩には生産力があるということであった。討幕のために必要な武器も食糧も容易に調達できたし、都合することができた。

藩はどこからみても、一つの生活集団であった。武士も農民も商人も工人も皆かかえこんだ生活集団であった。それは、なによりも、強い集団であることを意味した。すでに、奇兵隊が強いということをしめしたが、長州藩が、そのまま奇兵隊になるようにすればよかったのである。そうすれば、強い闘う藩となりうるというのが、晋作の考えたことである。

強力な精神と思想で藩主以下一体の行動を

もちろん、晋作には、大組の子弟として、父をまきこんで藩から受けている禄と身分を捨てきれないものが、心情的にあったのかもしれない。それに、藩主親子に親しく接して、親しみをもっていたし、上士階級も知っているところから、藩自身を、討幕の拠点になし得るという自信もあったのかもしれない。

藩主を中心にかたまっている上士、中士のもろさというか、中心のない依存性が強いことも知っていた。自分一人でたつことのできない性格も知っていた。

しかも、藩主は側近者のいう通りになるものである。自分自身で考えることのできない人間、藩主という位置に坐っているシャッポにすぎないことを知悉《ちしつ》していた。

強力な精神と思想があるなら、藩主以下どうにでもなる。それは長井雅楽のことでもはっきりしていた。

そうなれば、上士達も結構使いものになるとみたのである。

それに、有志の士といっても、所詮は、生活の根拠のない、生産力をもたぬ人達である。そんなに沢山集めることもできない。一見口舌の徒も、弁舌の徒にみえるのも、行動の人である晋作に気にいらなかった。

藩を脱した気安さと、一人身の気軽さが、彼等を無責任にし、勝手なことをいわせたのも事実である。自然、急進的でもあった。

そんなことから、晋作には、どうしても玄瑞のように脱藩志士たちを高く評価することはできなかったのである。

二つの道の決定的対立

こうして、玄瑞と晋作の進む道は、はじめて大きく分かれていったのである。しかも、藩の世論が玄瑞の路線を支持することで、いよいよ、二つの道は決定的に対立していく。

もちろん、玄瑞と晋作は、すでに、イギリス公使館を襲った頃から、意見の対立を深めたのであるが、そして、この頃から、二人は深く話しあい、とことんまで論争する機会をなくしてきたのであるが、実際には、この段階でこそ、徹底的に話しあうべきであった。

そうすれば、二人は、かなり深くお互いを理解することもできたし、その路線を二つの路線として、違ったものにしないでもよかったかもしれない。

玄瑞自身は、自分の路線と晋作の路線がそれほど対立するものとは思っていなかったし、むしろ、晋作の路線を包含することで、本当に強力な路線になると考えていたようである。

だが、実際には二人は話しあうこともなく、藩の中で、晋作は孤立していった。奇兵隊から放りだされることで、いよいよ孤立化する以外なかったのである。

そこに、明治維新の不完全さがあり、また、悲劇性を胚胎することにもなるのであるが。

玄瑞の最後

参予会議の中の分裂

八・一八の政変は京都朝廷の動向を大きく変えた。公武合体派の諸侯は、つぎつぎと上京してきた。なかでも島津久光のごときは、総勢一万五千の兵隊をひきいて上京し（十月三日）、松平春獄、伊達宗城《むねなり》、山内容堂も顔をそろえた。

翌元治元年（一八六四）の正月早々、この四人の大名に加えて、一橋慶喜が参予になり、参予会議が出発した。

一月二十日には、

「三条実美たちは、匹夫《ひっぷ》の暴説を信用し、世界の形勢を察せず、国家の安危を思わず、朕の命令をためて、軽率に攘夷の令を出し、みだりに、討幕の軍をおこそうとした。

長州藩の暴臣の如きは、その主人を愚弄し、理由もないのに、外国船を砲撃し、幕吏を暗殺し、実美たちを本国に連れて行った。

このような狂暴の徒は、必ず罰しなければならない」

という詔勅がでる始末であった。

だが、参予会議は必ずしもうまくゆかなかった。孝明天皇は頑迷に攘夷思想を主張するし、それにつけこんで慶喜は天皇を味方にひきいれ、利用しようと、横浜の鎖港を唱えた。それに対して、久光、春獄たちは、あくまで開国策を主張してゆずらなかったのである。

それというのも、久光たちが参予会議を老中の上に置き、幕府の性格を雄藩の連合政権という形に変えていこうとしたのに対して、慶喜としてはあくまで反対していたために、横浜閉鎖の問題をめぐって、その対立は表面化したのである。久光たちの意見をいれることは、幕府の権威の失墜であり、それは、そのまま、雄藩の連合政権成立への道を開くとみたのである。

八・一八の影響が残る長州藩

こうして、一旦は、うまくゆくかにみえた参予会議は空中分解をし、四月には久光も春獄も、京都を去って本国に帰ってしまった。

玄瑞はそのチャンスをのがさなかった。久光、春獄の去った空白を利用して、京都朝廷の意見をくつがえす、最もよい機会であるとみたのである。早速、萩に向かって世子定広の上京をうながす手紙を書くのである。

これより先、文久三年八月二十一日、兵庫から落ちてゆく長州兵や諸国の志士たちを見送った後、玄瑞は来島又兵衛、忠三郎、杉蔵たちと京都にたちかえり、なお京都の様子をさぐっていた。当然、玄瑞は、河野三平という変名を用いた。

京都の様子はまことに好ましくない。しかし長州藩内はもっと大変であったともいえる。八・一八の政変は、長州藩を混乱におとしいれた。これまで、抑えられていた藩府の反対派は、坪井九右衛門が中心となって、毛利登人《のぼる》、周布政之助、前田孫右衛門たちの政治責任を追及した。藩主もそれを認めるしかなかった。そこで、しかたなく、三人は辞職した。

晋作たちの激しい活動によって、どうにか、坪井九右衛門たちの策謀は抑えられて、登人、政之助、孫右衛門の三人は復職したが、藩内の動揺は治まったとはいえない。

そのことを心配した世子定広は、玄瑞や来島又兵衛に帰国を促した。九月十三日、京都をたった玄瑞たちは、九月二十三日、山口に到着する。

ますます勢いをましていく攘夷派

十月一日には、つぎのような毛利公令書が出された。

「執政がその職を失い、官民の離間を生ずるのは、有志の人が痛憤する所である。然るに、臣子の職をかえりみず、防長二国をまもれば事がすむと考え、吾をして、道理にもとらしめ、己もまた吾に背く所以《ゆえん》をわきまえず、唯一時の無事平穏を好み、上策と心得る者がある。嘆かわしいことである。正義が一歩でも退けば、逆賊はいよいよ勢をはり、防長二国は次第に畏縮し、守ろうとする防長二国は守れない、ここをよく熟考すべきである」

十月二十八日、現藩政府に反対し、防長二国を中心に考えようとする守旧派の巨頭坪井九右衛門は、ついに処刑されてしまう。

京都で敗れたといえ、長州藩における攘夷討幕派は、少しも傷ついてはいない。かえって、結束を強めていく感さえあった。それに、三条実美たちを長州の三田尻に迎えて、ますます勇気百倍というところでもある。

しかも、玄瑞の路線を進む長州藩には、期せずして、全国の脱藩の志士たちが集まってきた。真木和泉はそれを組織して忠勇隊といったが、その数は三百名をこえるという勢いであった。長州藩は全国の志士たちをかかえこんだことになった。その基地はもちろん三田尻である。

京都の情勢を一挙に回復しようとする声は、そういう情勢の中で、だんだんと強くなっていった。三条実美まで、

「奇兵隊を貸してくれ、京都に出て無実を訴えるから」

といいだした。途中で妨害する者は、奇兵隊の力で蹴散らして行くというのである。

待ちきれなくなった諸卿の一人沢宣嘉は、とうとう三田尻を抜け出して、生野の義挙に参加した。奇兵隊の総督河上弥市までそれに同行するありさまであった。真木和泉も、このとき「義挙の策」を差し出した。それは、実美達の率兵上京が、いつでも討幕軍にかわるというものであった。かつての平野国臣の「回天三策」を、情況の進展のなかで更に発展させたものである。

京都を説得させることから始める

この進発論は徐々に藩内に勢いを占めていく傾向であった。だが、長州藩としてはそれだけの決心がつかない。それこそ、防長二国の存在を賭する覚悟が必要である。

そこで、さしあたって井原主計《いばらかずえ》を上京させて、京都を説得させることに決まり、玄瑞は、その随員として行くことになった。

十一月十一日、京都に入った玄瑞の活動は、非常な勢いをもって進められていく。京都では、必ずしも長州藩の立場が悪いともかぎらない。八・一八の政変から時間も経っている。それに、八・一八の政変は、薩摩、会津の謀略の匂いも強い。

在京諸侯の意見も、どちらかといえば、長州藩に同情的であった。すなわち、鳥取藩主池田慶徳《よしのり》は長州に同情的であったし、津山藩主松平慶倫、津藩主藤堂高潔《たかきよ》、広島藩主浅井長訓《ながとし》などは長州の処分に寛典を乞うている。七卿についても池田慶徳や米沢藩主上杉斎憲《なりのり》、徳島藩主蜂須賀茂韶《もちあき》たちは弁護さえしている。

もちろん、その中で、幕府の態度は長州藩に対して強硬であったが、忍耐強く説得すれば、脈はあると考えた。公卿たちへの説得も精力的に展開した。

だから玄瑞は、三条実美や真木和泉の進発論を止めたことはいうまでもない。政之助や晋作は玄瑞に賛成したが、玄瑞が京都の変化の中で、どんなにも変わり得る可能性をもっていたのに対して、晋作は、防長二国を討幕の根拠地にしようという考えをもっていたから、その反対は頑強でさえあった。徹底して反対という立場をとった。

又兵衛以下全員討死の覚悟を決める

だが翌元治元年（一八六四）になると、三田尻に駐屯する遊撃隊長来島又兵衛が和泉に同調した。又兵衛は元来武勇一途の男だが、京都に進発するというのには、彼なりの理由があった。それは、最近、遊撃隊に取立てられた水戸の浪士高橋熊太郎と京都の浪士浮田三郎の二人が、

「毛利公がこんなに辱められているというのに、御進発がのびのびになって、残念でたまらない。君が辱められれば、臣死すという道理もある。私達二人が決心し、一人は関白殿下、一人は幕府の大老へかけこみ、必死になって、君の冤罪をそそごう。たとえ、首を斬られ、あるいは、囚人になっても、朝廷や幕府は、新参の者でもこのぐらいだから、世禄、恩顧の武士は憤激深謀、はかり知ることは出来ないといって、決起するにきまっている。そうすれば、進発の機会ともなろう」

と申し出たので、又兵衛としては、

「二人を死地にやることはできないし、だからとて、傍観することもできない。その上、信義も立たない。もう、全軍、暴発する以外にない。全員で討死しよう」

ということになったのである。

晋作、又兵衛の説得ならず

そこへ、晋作が説得のために、藩主親子の直書をもって、乗り込んできた。

晋作が三田尻に到着したのは、一月二十四日の夜半。さっそく又兵衛に会って藩公の直書を渡したが、又兵衛はその意見をひるがえしそうにもない。「遊撃隊だけを捨ててくればいい」と、至って強硬なのである。午前三時過ぎまで議論したが、決着がつかない。しかたなく、晋作はその晩はそのぐらいにして、翌朝、また又兵衛を訪ねた。

又兵衛はケロッとした顔で、

「きょうは、出陣の勝敗を占って、力士隊に角力《すもう》をさせることにしている。君も、その角力を見ないか」

と晋作を誘った。これはなかなか手強いと思って調査してみると、熊太郎たちのことがわかった。わかってみると、晋作はいよいよ本腰をすえて説得する以外になかった。

二十六日、二十七日と説得してみたが、どうしても駄目。そればかりではない。又兵衛は、もっともいいがたいことを、ずばりと皮肉まじりに、

「君が進発に反対するのは、新知百六十石が惜しいのではないか」

というのであった。

晋作は、昨年百六十石を加増されていた。晋作はその言葉を聞いてムッとしたが、怒ることは

できなかった。怒れば、話はおじゃんになるだけであった。又兵衛も彼の感情に激しやすいことを十分に考慮した上での発言である。

なんとかして止めねば

世子定広からは、「説得が駄目なら帰って来い」といってきたが、晋作としては、おめおめと、「はい、できませんでした」と帰ることは、その誇りが許さない。又兵衛にいわれたことも胸にこたえた。

それに、臣下が動揺し、役人がその取抑えをできない時、藩主をわずらわすという習慣が従来あるのを、役人の無責任として、日頃、常に憂えていた自分であることを考えていた晋作は、なんとしても、又兵衛を止めなくてはならぬと思いつめた。

晋作は、又兵衛の前に、最後の切札を出した。それは、今から自分が京都に行き、京都にいる宍戸九郎兵衛、桂小五郎、久坂玄瑞が進発に賛成かどうかを問うて、もし、玄瑞達が割拠を上策とするときは、思いとどまってくれるかというのである。又兵衛としても、晋作が亡命してまで、そのもっともよい意見を出そうとする態度には、黙って聞くしかなかった。小五郎や玄瑞が、京都の情況をふまえて出す結論にも信用をおくことができた。

こうして、晋作は亡命し、京都に飛んだ。九郎兵衛や玄瑞の意見は、もちろん、進発に反対である。まして、暴発なんてとんでもないと口を揃えていう。九郎兵衛が直ちに帰国して、遊撃隊の暴発を止めることに決まり、晋作はそのまま京都にとどまった。

晋作ら、島津久光をねらう

晋作には、彼を藩内で卑怯者とそしる者があるのに我慢ならないのである。当時、進発に反対する者はほとんどいない。わずかに、政之助、晋作をはじめとして、数名にすぎなかったのである。亡命してきた晋作としては、この辺で、一つ何かをやってやろうと考えざるを得なかった。

そこで、土佐の中岡慎太郎たちと一緒に、公武合体派の巨頭島津久光をねらうことになった。久光を倒せば、京都朝廷の意見も自然変わらざるを得なくなり、情勢を回復することもできるだろうと考えたのである。

晋作たちは、今日か明日かと久光をねらっていた。しかし、その機会も訪れないうちに、世子定広から帰国せよという命令がきた。結局、玄瑞、忠三郎、杉蔵たちにすすめられて、帰国することになった。杉蔵は「久光のことは自分たちにまかせればよい」と晋作を激励するのである。

京都を去って晋作は獄へ、玄瑞は大活躍

三月十一日、京都をたった晋作は、二十五日、山口に到着したが、そのまま、野山獄にいれられてしまった。それで、晋作が元治の変にまきこまれないで、生き残ることにもなったのであるが、それは後のことである。

玄瑞も、同じ日に京都をたった。国許の進発を止めるためである。京都をたつ前にも、藩政府に手紙を出して、「参予会議が行き詰まった以上、近いうちに長州にとって好転するから、進発は不可である」と説いたのである。その結果、一度は決した国司信濃《くにししなの》の進発も中止と決まった。

玄瑞は、そのかわりとして、長州支藩の藩主と長州藩の家老が上京して陳弁した方がよいという。彼の建言は、早速、用いられた。彼は、席のあたたまる暇もなく、すぐさま、京都にひきかえした。そのとき来島又兵衛は、玄瑞と一緒に上京した。又兵衛の気持をある程度満たすということが配慮されての処置である。

この頃、三条実美たちは、下関方面の砲台を視察して、志気の昂揚につとめる。

「三奸退去は乗ずべき機である」

京都にかえって、玄瑞が見た京都の政局は刻々と動いていた。参予会議の行き詰まりで、ついに、久光や春獄が京都を離れたのである。

玄瑞は、今こそ、情勢を一挙に回復する時とみた。すでに書いたように、この段階にきて、急拠、世子定広の上京を乞うたのである。長州藩に同情的な諸侯も多い。春獄、久光のいない今、世子が誠意をこめて説くなら、それは不可能でないと判断したのである。

「三奸退去は乗ずべき機である。人心帰向、これもまた、乗ずべき機である。

これに乗じなくては、終に、機に乗ずるということはない。

自ら任ずるところは、断然、独立の英志である。そうでないと、とても、あくせくしている諸藩は、我が藩に依頼することはできまい」（四月二十三日の手紙）

五月二十七日、玄瑞は、又兵衛と一緒に山口に帰って、進発を積極的に説いた。とうとう政之助の自重論は敗れた。小五郎も進発に反対であったが、大勢におされて京都に去ってしまった。

六月四日、政之助を逼塞に命じた後、進発令は出されたのである。

そんなとき、京都の池田屋の変が報じられてきた。吉田栄太郎や宮部鼎蔵たちが、新撰組の襲撃を受けて、惨殺されたのである。

栄太郎は部落民を組織した後、但馬《たじま》地方に百姓一揆がおこったのをきっかけとして、それに参加するため脱藩したが、それには間にあわず、脱藩のまま活動をつづけていた。鼎蔵は松陰の親しい友人であり、同志であった。池田屋の変事の報告は、いやがうえにも長州藩士や志士達を、興奮のるつぼにたたきこまないではおかなかった。

諸隊、続々京都へ向かう

六月十五日、まず、来島又兵衛が遊撃隊三百をひきいて先発。

十六日には、家老福原越後が兵五百をひきいて出発した。玄瑞は、杉蔵、忠三郎たちと一緒に出発した。真木和泉は、忠勇隊三百をひきつれて、これまた出発した。土佐の中岡慎太郎も参加した。

二十六日には、家老国司信濃が兵をひきいて、これにつづき、七月十三日には、世子定広が、本隊をひきいて、実美と一緒に上京する手はずになった。

上京した兵隊は、伏見、山崎、嵯峨の三方面に分屯して、その兵力を示した。

六月二十四日、和泉、玄瑞、杉蔵たちは、朝廷に「万死決誓哀訴の書」を奉った。いうところは、長州藩主の罪を許してくれという歎願である。名目は歎願であるが、武力を背景に、強引にその要求をいれさせようとしたものでもある。在京の諸侯へも、その伝達方を依頼した。歎願はくりかえし行なわれ、それは、七月十日頃までつづいた。

情勢は好転したが慶喜の反対が出る

その間、玄瑞達は、つぎのような軍令を出した。

「一軍一心が肝要で、他藩自藩をたてることはいけない。

策略ある者は私に議論せず申し出ること。農民はもちろん、商人に無理をかけてはいけない。

山林の材木をみだりに切ったり、田畑をむやみに荒してはいけない」

そうこうしているうちに、世子定広が大軍をひきいて、三田尻を出発したという報告が、幕府や朝廷をあわてさせた。公卿たちのなかには、長州の要求をいれようという動きさえ生じた。

慶喜はこれに断固反対した。そればかりでなく、定広の到着する前に、京都一帯の長州兵、攘夷討幕の志士達を一掃しなくてはならないと考えた。そこで、慶喜は、

「本当に赤誠を以て、罪の許しを乞うならば、先ず、撤兵してから、しかる後に、上書すべきでないか」

と伝えたのである。

さっそく、撤兵すべきかどうかについて軍議が開かれた。

玄瑞の主張通らず幕府軍と対決する

又兵衛と和泉は即座に闘うことを強調した。一人、玄瑞は、静かにその不可なことを説くのであった。

「あくまで、歎願するのが、道理というものではないか。まして、世子が近く到着するから、進撃すべきかどうかは、そのとき決定したらいい」

という玄瑞の言葉に対して、又兵衛は、

「世子が来て、その進撃を決めるのは、臣下として忍びない。これは、安きをむさぼるともいうべきもの。よろしく、世子の到着以前に進発すべきである」

と激していう。玄瑞はあくまで落ち着いて、「今、攻めるには、我々に援軍もないし、進撃の準備もできていない。必勝の計画なしに攻めるのは無謀というものである」

と主張してゆずらない。とうとう又兵衛は、遊撃隊だけで攻めるといいだした。和泉がそれに賛成した。玄瑞は、もう黙るしかなかった。

又兵衛は四十九才で、玄瑞の二倍近い年令である。和泉は今楠公《いまなんこう》といわれるほどの戦略家であり、全軍の参謀格の者、全国の有志の士の中心的位置にもいて、年令もすでに五十二才。

玄瑞が黙ってしまうと反対するものはいない。戦うことに決した。

慶喜の謀略にかかり攘夷派惨敗

幕府は、長州兵の十数倍の兵隊で京都を守っている。長州兵はうまうまと、慶喜の〝世子が大軍をひきいてくる前にたたく〟という謀略にひっかかったのである。

戦いはあっさりとけりがついた。長州兵や攘夷討幕派の志士たちの惨敗であったことはいうまでもない。

宇都宮藩士の太田民吉に、

「一隊中以下の人気をみるに資質淳良、けれども、愚にして、弱である。ことに、昨日の戦いでは、平日の訓練通りに振舞った者は一人もいない。会津の兵法におよばないことは程遠い」

と酷評されるほどの始末である。これでは、負けるしかあるまい。

玄瑞、忠三郎、杉蔵は、結局この戦いで死んでいった。玄瑞二十五才、忠三郎二十二才、杉蔵二十八才、これから活躍するという時に、無念の涙をのんで、散っていったのである。

晋作や玄瑞を悩ましつづけていた又兵衛も死んだ。和泉も、敗戦の責任をとって自決した。又兵衛が、再び晋作を悩ますことはなくなった。

世子定広は大軍を連れて、四国の多度津まで来ていたが、京都の敗戦を聞いて引揚げてゆく以外になかった。

玄瑞、悲壮の死をとげる

玄瑞は死んだ。その一生は、あまりにも短いものであった。

だが、彼は、その短い人生の中で、精一杯に考え、精一杯に生きた。その思想は未完成であったかもしれないが、その実現にその全身を文字通り燃焼しつくした。そして、夢にまでえがいた世界をみることもなく倒れた。ある意味では、彼が考え組織化をねらった全国の志士の連合組織の激しさ、強さ、急進性の前にまきこまれて死んでいったともいえる。

おそらく、来島又兵衛一人なら説得し得たことであろう。だが、全国の志士を背景とした真木和泉を抑えることはできなかったのである。又兵衛の急進性も、いいかえれば各藩の脱藩志士達に刺激されたものである。

玄瑞の死後、彼の考えた路線は大きく発展することもないままに、わずかに、晋作のクーデターをおこす契機をなすにとどまって、細々と命脈をたもったにすぎない。

真木和泉のあとの忠勇隊隊長は、一応、中岡慎太郎にうけつがれたが、その後はあまり活躍していない。後に、慎太郎の陸援隊に、玄瑞の路線は継承されたとみることもできるが、それも、積極的に藩の枠を破るほどに、強力なものに育つこともないままに終わった。

そういう点では、玄瑞の死は、玄瑞の考え、志向した路線の死を意味した。まさに悲壮の死であった。

長州藩の危機

獄中で学問し、思索する晋作

京都に脱藩した罪で、晋作が下獄したのは三月二十九日。野山獄は師松陰も長い幽囚の生活を送ったところである。

彼はそこで、松陰の言葉を思い出し、今更のように自分の考えかたが松陰のそれといかに深くつながっているかを考える。松陰が自分に対して、何を求めていたかも深く考えてみるのである。

牢獄生活は耐えられぬことであったが、松陰のことを、時代のことを思うとき、一刻もじっとしてはおれなかった。ちょうど一年前、松本村に隠退したものの、思う存分、学問し、思索することができなかったが、今こそ、何にもわずらわされることなく、学問し、思索することができると思うと、不思議にうれしくなった。彼は同囚のものがあやしむほどに、読書をしはじめる。同囚の人達にしてみれば、いつ出獄を許されるか、というより死罪になるかもわからないのに、読書など物好きといいたげである。だが、晋作には、そんな周囲の眼は気にかからなかった。

彼はせっせと読んでいった。読んでは、気持をたかぶらせて、切歯扼腕《せっしやくわん》することもあれば、あるいは、感動して泣くこともあった。かつて、自分のための学問の必要を説いた彼であったが、今はじめて、自分のための学問、なにかのためにするのでなく、自分自身のためにする学問というものが、どんなものかがわかるような気持にもなる。

読書のために読書する。ものを知ることの喜びのために、本を読む。そこになんともいえない感動があることを知ったのである。しかも、そういう読書こそ、人間の心情を本当にたかめ、強め、純粋にしてくれ、その知識も真に有用になるのではないかとも思ってみる。

静かに過去の行動を整理する

晋作は、毎日が楽しくてならなかった。彼は、毎日のように、六十枚、七十枚、八十枚と読書することに熱中した。

その中で、晋作は、大和の義挙で亡くなった吉村寅太郎のこと、但馬の義挙で亡くなった河上弥市のことを思い出し、深い悲しみにおそわれることもあったが、イギリス公使館を襲撃したことや奇兵隊を創設したときのことも思い出した。

彼には、それらを思い出して、もっといい方法、もっと効果的方法はなかったかと考え、整理してみなくてはならないことがあまりにも多くあった。行動の整理である。

果たして、狂挙であったのか、狂挙でないためには、どうすればよかったのか。

酒を飲んで、二言目には愉快、愉快といっていたが、果たして、本当に愉快といえるのであろうか。
「一時の浮気や空しい叫びは一日のあやまちである。だが一日のあやまちは一日のあやまちでなく、終身の患いとなる。大酒して、酔っぱらって、役人を罵倒し、時におもねる学者を罵ることなど、全く愚かな行為であった。その害もはかるべからざるものがある」（獄中手記）
「余は、下獄以来、一日として、読書しないことはない。或いは、黙読沈思、或いは高吟《こうぎん》長嘯《ちょうしょう》、独立して勉強、傍に人なきが如し」（獄中手記）
「松陰先生が、正論を行なえば、必ず他人におとしいれられる時がある、その時こそ、退いて勉強し直せば十年後に大いになすべし、といわれたが、今はまさにその時にあたる。読書、勉強をつとめずにはいられない」（獄中手記）

獄で得た結論を基に自己の道を歩む

晋作は六月二十一日に獄から出ることができたが、その一週間前の六月十四日、ようやく、自分の思想と行動について一つの結論に到達した。

「自分の性は頑愚、そのためにその行動は直情直行で、かたわらに人なきが如くである。

だが、直情直行で、生命を軽くするの気迫あればこそ、国のために尽す深謀遠慮も出てくるのである。これをつづめて言えば、なんとかして、国家のためになろうと、日夜苦慮するから、自分が嫌疑をうけるのを省みるいとまがないのである。

熊沢蕃山の言葉に、『世間でいわれている利口の人にならないで、愚者といわれているような人になれ』という言葉があるが、自分も世間でいう愚者になる事を考えて、ようやく獄に入る程になった。だから、世間の利口者には、到底、私の気持もわからないであろう」（獄中手記）

松陰のいう、功業でなく忠義をする人になろうと、晋作も決意するのである。彼は彼なりに、自分の道を自分なりに進めばよいと、はっきり思い定めるのである。

だから、六月二十一日に獄から出て、父小忠太の許に帰った時には、自分の生き方にこれまでにない自信と誇りをもつことができた。

これまでは、父小忠太の説になるべく違背しまい、父親を心配させまいと一生懸命に心がけていた晋作だが、これからは、父親を積極的に説得して、自分の理解者にするばかりでなく、父親にも、彼の信ずる道と同じ道を歩ませようとするのである。当時晋作が父親にあてた手紙に次のようなものがある。

時の流れに動ぜず自己の路線を貫く

「よくよく、御時勢を観察なさることが大切です。君側の士がいろいろ父上にいわれても、御信用なさらぬようにして下さい。

井原主計はどうかご注意下さい。林主税《ちから》、上山などは誠直の士だが、時勢には暗い故、御交際はされても、心を許されることのないよう。山田宇右衛門は好人物、その上、時勢もわかる故、御相談なさるとよい。そうすれば、国家のためになります」

非常な自信である。晋作は、自分と交わるすべての人を自分の考えに、自分の路線にひきいれないではおかないという態度をとりはじめたのである。

そうしながら、晋作は相変わらず、謹慎のまま、読書の生活をくりかえしていた。

志道聞多と伊藤俊輔が、四国連合艦隊が長州を攻撃すると聞いて、留学中のイギリスから急ぎ横浜に帰り、イギリス公使を説得し、さらに藩政府を必死に説いたのも、この頃である。

だが、晋作はそれらに全く無関心であるかの如く、その姿勢を崩さなかった。

京都に、七月の変が報じられたときも、玄瑞をいたむ、

骨を皇城に埋めて宿志酬《むく》ゆ
精忠苦節、千秋に足る
欽す君が同盟の裏に卓立して
負かず青年第一流

の一篇を書いて、もう動ずる気配すらなかった。おそらく晋作は、歴史の動きにしたがって、すべての者がまきこまれ、その中で各人精一杯に生きるしかないと考えたのであろう。自分が立つべき時はいつでも立つ。それまでは、少しも、じたばたすることはないと考えたのだ。

四国連合艦隊と長州藩の対決

将軍家茂は長州を討つための出兵を諸藩に命じた、ということも伝わってきた。それと前後して、イギリス、フランス、アメリカ、オランダの四国連合艦隊が長州に向かったということも耳に入ってきた。そのために、長州藩は、上を下への大騒ぎとなった。

椋梨藤太《むくなしとうた》たちの一派が蠢動《しゅんどう》を始めた。

しかし、晋作には、それすら耳に入らぬかの如く、動揺しなかった。わずか、百日足らずの獄中生活であったが、それだけのものを晋作にもたらしていたのである。

八月五日、とうとう、四国艦隊との間に戦いの火ぶたはきられた。はじめ、俊輔、聞多の説得は成功しなかったが、長州藩にとっては、七月に禁門の変がおこり、急遽、藩の方針を変えて、下関海峡を通航する自由を保証しようとしたのである。しかし、その通報が指定時間よりも二時間遅れていたという理由で、四国艦隊は、長州藩を攻めたのである。四国艦隊としては、長州藩をたたきふせるのが目的であった。四国艦隊は十七隻の軍艦と三隻の御用船から、なりたっていた。

勝負はあっけない程、簡単についた。彼等の攻撃は午後四時すぎに開始されたが、わずかの間に全砲台はほとんど駄目になった。六日には陸戦隊が上陸し、残った砲台をこわし、大砲を奪って行った。

奇兵隊をはじめ諸隊の志気はすこぶる盛んであったが、西洋の兵器の前にはどうすることもできなかったのである。ただ、陸戦隊も海岸から陸地深く攻めよせることもなく、引揚げたので、全住民を敵にまわすということはなかった。

晋作を正使とした講和会談

晋作はこの状況のなかで、またも起用されることになった。非常の時は、常に非常の人というか、状況の変化の中で断固として決断することのできる人間を必要とする。その場合、晋作は最も適当の人であると見做されたのである。

彼は、家老宍戸備前の養子ということにして、名も宍戸刑馬《ぎょうま》と変えて、敵艦に乗りこんだ。副使は杉徳輔と渡部内蔵太、通訳に伊藤俊輔と志道聞多がなった。

伊藤俊輔（博文）（1841〜1909）
尊攘運動に参加。明治政府では参与。

晋作は会談にあたって、まず、「講和のために、長州の国主が私をつかわされた」と、まえおきして、「攘夷は長州藩が勝手にやったのではなく、朝廷や幕府の命令でやったことで、これからは下関海峡を自由に航行していただきたい」と傲然とした態度でいったのである。

これをきいた相手は、「そんなものは和議でもなんでもない。和議という以上、礼を厚くし、辞を低うして対談すべきであって、国主というのもおかしいし、また、直書でなければいけない」といいだした。

いわれてみれば、相手のいう通りである。

「では、そういうことにして」

と第一回の会談は一応終わった。

そんなところへ、

「晋作や聞多、俊輔が君命をゆがめて降伏しようとしている。斬ってしまえ」

と、一徹な攘夷派の連中がいっているというのが耳にはいった。しかも、それを、藩政府は取締まることはできないというのだ。そうなると、晋作も逃げる以外にない。殺されるほどつまらないことはない。晋作は俊輔を連れて、姿をかくしてしまった。

そうこうするうちに、第二回目の会談の日がやってきた。だが、肝腎の晋作がいない。藩政府はしかたなく、家老毛利登人を正使にしたてあげた。だが、相手は、第一回目の正使が来ないことに非常な不満を示した。そこで、第三回目の時は、どうしても、晋作が出なければならなくなった。こうなると、藩政府も覚悟を決めざるを得ない。政府の責任において、晋作たちを守ることを約束し、家老の宍戸備前、毛利出雲たちが、高杉の随員として、講和会議に参加することになったのである。

晋作の断固たる態度で交渉まとまる

第三回の会談が始まったのが八月十四日。会談で一番問題だったのは賠償金の問題であった。相手は是非要求するといい、晋作は「朝廷、幕府の命令でしたことだから、払う理由はない。払うなら、幕府が払うべきである」と主張しつづけた。通訳のアーネスト・サトウの仲介で、幕府および長州藩と各国公使の間で交渉するという極めて曖昧な形で、この問題は一応まとまった。

二つ目は、彦島租借のことである。租借ということが、晋作はもとより、俊輔たちにもよくわからない。ただ、なんだか悪いような気だけはした。そこで、晋作が強力に反対した結果、その異常な見幕におされて、相手はとうとうひっこめてしまったのである。

主な条約は、海峡通過の外国船に日用必需品を提供する、砲台の修理、新築はしない、船の乗組員の上陸を許可する、などである。

こうして交渉はなんとかすんだ。晋作の相手にのまれない態度がもたらした収穫といえよう。その後、賠償金は幕府に請求し、その額は三〇〇万ドルに決まった。その場合、下関を開港したら、賠償金を支払わなくてもよいということだったが、下関が開港になれば、長州藩が利益を得るというので、幕府は賠償金の方を択んだ。諸外国が幕府に賠償金を要求したのも、下関開港を交換に得るのが目的であった。

内外に問題を抱える長州

こうして、英・仏・米・蘭の四ヵ国からの攻撃はなんとか収めたが、長州藩は、もっと手強い相手を、まだまだ、内と外にかかえていたのである。その一つは、藩の方向を発展でなく、保守の方向にもっていこうとする勢力の台頭であり、今一つは、幕府の長州征伐である。

クーデターによる藩論統一

西郷隆盛を総参謀として征長軍活動開始

京都朝廷は、長州藩が禁門の変をおこしたということを責めて、七月二十三日、幕府に対して長州藩の追討を命じた。そこで幕府は、翌八月二十一日に、尾張藩の徳川慶勝を征長総督に任じ、三十余藩に出兵の命令を出した。

しかし、三十余藩の足並みはなかなか揃わず、やっと二ヵ月も経って、ようやく出発するありさまであった。

西郷隆盛（1827〜77）
薩摩藩士。東征大総督府参謀。（国立国会図書館蔵）

征長軍の総参謀は薩摩の西郷隆盛。隆盛は密偵を使って、長州藩の動向をつかむとともに、味方の動向を判断した。どうみても、諸藩は闘うだけの態勢が整っていない。隆盛に会った幕臣勝海舟も「今は国内で闘う時でないし、幕府第一主義の者達に一撃を加える時である」という。しかも、密偵の報告によると、実力を行使するより、長州藩内の対立をうまく利用すれば、長州藩自身の手で、問題は処理できそうである。

だが隆盛は、この際、できることなら長州藩を徹底的にたたいておきたかったし、長州藩の国替えをすることも考えていた。

隆盛は、そういう方針を決めて、征長総督に先だって十月の終わりに広島に乗りこんだ。

藤太ら、政府員に謹慎せまる

隆盛のみたように、長州藩内部は大変であった。禁門の変の敗戦は、長州藩を刻々と変えつつあった。

まず、禁門の変の責任をとって、八月二日、益田弾正、福原越後、国司信濃、中村九郎、佐久間佐兵衛は職を退いた。

その間隙をぬって、椋梨藤太、岡本吉之進たちが萩の世禄の臣たちのバック・アップを受けて徐々に進出してきた。彼等は、先年、自刃に追いこまれた坪井九右衛門の流れをくむ人達である。

藤太たちは、

「長州藩をここまで追いつめたのは、政府員であるおのおの方の責任である。初め、攘夷の実をあげるといっておきながら、後には、外国に和を請い、京都では無謀の戦いをして、主君に朝敵の汚名までできせた。

その上、征長の大軍は、長州藩の四辺に迫ろうとしており、危機一髪の状態である。奇兵隊をはじめ諸隊は、征長軍は朝廷の真意でないと言っているが、朝廷と幕府の命令であることに間違いはない。だから、その軍に敵対することはよろしくない。まして、三十余藩の兵と闘うのは無謀である。

すべからく、恭順謹慎して、罪を謝し、毛利家を存続させることが大切である」

といって、政府員につめよった。

政府員である周布政之助、毛利登人、前田孫右衛門、山田宇右衛門たちは、それに応えることができず、ついに辞表を出して、自ら謹慎してしまう。だが、なんとかして、政府の主導権だけは保持しようと、防戦につとめた。

諸隊より次々と意見書提出

奇兵隊はじめ諸隊は、それを守るかのように、強力に援護した。ことに、奇兵隊は、九月六日、次のような意見を提出すると共に、八日、十二日、十九日と反復上書したのである。

「賊が日に日に、四境に迫ってくるのを聞く。そこで、外面は虚弱を示し、内はいよいよ充実して、敵を迎える以外にない。

そのようなとき、政府の御陣容を変えられることは、私達としても迷惑する。政府が変わるということは、恐れながら、君意が御動揺するためでないかと想像される。こんな状態では、戦わずして敗戦する以外にない。

悲痛という以外に申しあげようがない」

膺懲《ようちょう》隊、集義隊、御楯隊からも上書した。

「幕府多年の暴政で、万民は非常に苦しんでいる。その上、朝廷を蔑視する傾向がある。それを見るに忍びないから、今日の事態になったのである。今更後退しては、朝廷への忠は果たせないと考える」

野村和作も、絶食までして、

「来らざるを頼まず、待つあるを頼むべきである」

という意見を具申した。

強硬派は断固戦いを主張

全国の志士団である忠勇隊も、中岡慎太郎の名前で、

「益田弾正たち三家老が断罪されるようなことがあっては、先日の挙は、全く乱臣狂士の妄動ということになって、全く敵の術中に陥ることになると思われる。

これでは、国家がたたないばかりか、後世のもの笑いになる。

それに、京都や天王山でなくなった人達は、決して瞑目できまい。私達としても、それではや

りきれない」

と、中村円太を通じて意見具申した。

しかも、奇兵隊は、あくまで「今度の征討軍は朝廷の意志でなく、幕府が会津、薩摩と組んでおこしたもので、そういう考えは今度急におきたものではない。禁門の変は、不幸にして、その口実を与えたにすぎない。だから、あくまで征討軍を迎え討つべきである。もし、うまくゆかない時は、藩主以下討死すればよい」と主張しつづけたのである。

情勢の変化により戦わずして征長軍に勝利が

だが、九月二十五日、武備恭順を説いた志道聞多が反対派のために暗殺されかかり、同じ日、山口の政事堂での争論の結果を聞いて絶望した周布政之助が自殺に追いつめられたことによって、急速に、その均衡は崩れはじめた。

それに追い討ちをかけるように、萩から山口に、椋梨藤太、岡本吉之進たちを後援する人達がつぎつぎと押しかけ、その数は八百人にもなった。こういう情勢におされて、十月二十五日、椋梨藤太、岡本吉之進たちが清水清太郎、毛利登人、前田孫右衛門にかわって、政府の中心を占めるようになった。

征長軍総参謀の隆盛が広島に到着したのは、保守恭順派の藤太、吉之進たちが政府の中心にすわった直後である。

そうなると、隆盛と藩政府の話はとんとん進んでいった。即ち、家老の益田弾正、福原越後、国司信濃は自刃、参謀の中村九郎、佐久間佐兵衛、宍戸九郎兵衛、竹内正兵衛《たけのうちしょうべえ》の四人は野山獄で斬られた。

三条実美らが九州の諸藩に移ることも決まった。これらすべてのことは、征長総督徳川慶勝が広島に着いた十一月十六日までに、すっかり終わっていた。

慶勝としても文句はない。隆盛の意見をすべてうけいれたのである。その結果、十一月十八日の総攻撃もとりやめとなった。

晋作、身の危険を感じて山口を脱出

十六日に、幕臣の永井主水正《もんどのしょう》、戸川鉾三郎は、特に、桂小五郎と高杉晋作の二人の住所を尋ねたという。

だが、桂小五郎は禁門の変以来、行方をくらましていたし、晋作は十月二十七日の払暁に、山口を脱出して、姿をかくしていたのであった。

晋作は、藤太、吉之進が政府の中枢に坐ったとき、身の危険を感じた。昨年、坪井九右衛門を追いつめて、ついに死に至らしめたのは晋作である。それでなくても、藤太たちをおびやかすのは、玄瑞なき後は、晋作しかいない。藤太たちはそのことを熟知していた。そのことを、敏感に感じた晋作は、彼等の追及の手がのびてくるのを、徒らに待っていることもないと、さっさと行動をおこしたのである。

それに、こうなった上は、藩の外から、藩論を変える運動をおこす以外にないと考えたのである。それは、いってみれば玄瑞の立場の転用であった。十月二十五日の夜、志道聞多を見舞い、翌二十六日の朝、楢崎弥八郎を訪ねた。晋作は弥八郎に、このままでは殺されるかもしれないから、一緒に逃げようと誘ったのである。しかし、弥八郎は、君命によって殺されるなら、殺されてもかまわないという。彼は、到底、こんな男とはつきあってはいられないと一人で山口を脱出した。

その時、晋作は、刀の柄に香油瓶をぶらさげ、頬かぶりし、田舎の神官のような変装をしていた。柊村という所までくると立派な武士姿にかえり、主君の命を受けて三田尻に行く者だから、早駕籠を出せといって、その駕籠に乗って、三田尻から、徳地に到着した。

そこには、奇兵隊軍監の山県狂介や野村和作がいる。晋作は、彼等に「自分は藩の外から、藩論をくつがえすために努力するから、君達も協力してくれるように」といいおいてから、下関の白石正一郎のところに逃げていった。

藩滅亡の危機を知り急ぎ山荘を出発

十一月二日、筑前藩の中村円太たちと、船で筑前へ走り、円太の手引きで月形洗蔵、早川養敬たちに会い、さらに肥前藩の平田大江に会ったが、到底九州の有志の士が立ちあがる見通しはたたなかった。やむなく、野村望東尼《もとに》の山荘に潜伏した。

野村望東尼は筑前藩野村貞貫《さだつら》の妻で、貞貫が死んだ後に剃髪して、望東尼と称していた。和歌をたしなむと共に、つねに、月形洗蔵、中村円太、平野国臣たち、筑前藩における討幕派を支持し、その秘密の会合の場所を提供し、その運動を陰から援助していた。

そこへ、洗蔵から、三家老、四参謀が殺されたこと、奇兵隊をはじめ、諸藩に解散令が出されようとしていることを知らせてきた。

晋作としては、あくまで、長州藩を拠点にして、討幕を進めようとしている。その長州藩が立ちなおる根拠は、彼が育てた奇兵隊はじめ諸隊であり、それらが健在であってこそ、はじめて立ちなおりは可能である。その諸隊を解散されてしまったら、もはやどうにもならない。

晋作は、自分の身が危険であるということをいってられなくなった。諸隊の滅亡は晋作の死を意味した。彼は、急いで山荘を出発し、二十五日には下関に帰って来た。

隊の存続に奮闘する諸隊

そのころ、保守恭順派政府の出そうとする解散令に対して、諸隊の領袖はなんとかして、諸隊を維持しようと奮闘していた。

一、礼儀を本とし、人心にそむかない様にする事が肝要である。礼儀とは、尊卑の等級をみださず、その分を守り、諸事身勝手でなく、真実丁寧にして威張りがましきことのない様にすること。

一、農事の妨害をしないように。猥りに、農家に立ちよらない。牛馬等に小道に出会えば、道端によけ、速やかに通行させるようにつとめ、たとえ、田畑が植付けてなくても、踏み荒らさないようにする。

一、山林の竹木、櫨《はぜ》、楮《こうぞ》はいうにおよばず、道端の草木等も伐取ることなく、また人家の菓物、鶏、犬などを奪わないように。

一、言葉はもっとも丁寧にし、いささかも、いかついことのないようにし、人から親しまれるように心掛ける。

一、衣服その他は質素にすること。

一、郷勇隊のものは自分から撃剣場に行き、修業すること。農家の子供は学校に行くように指導する。

一、強きものは、たとえ百万でも恐れることなく、弱い民は一人と雖も、恐れる事が武道の本意であると知ること。

「尊卑の等級を乱さず、その分をまもる」というところに、諸隊の領袖たちの苦心のあとが見える。上士階級たちを中心とする恭順派政府への迎合によって、なんとか、諸隊を存続させようとしたのだ。ただ、その中で、諸隊は民衆に密着して、民衆と共に歩んでゆこうとする姿勢が強くみられる。

孤立化する晋作

晋作は、長府にいる奇兵隊その他の諸隊を説いて、一挙に、保守恭順派政府を打倒しようとした。しかし、誰も立ちあがろうとしなかった。時期尚早であるというのである。征長軍が長州の周辺に兵をびっしりつめているから、今はいけない。征長軍が引揚げたときに決起するのがいいのではないかといって反対した。

奇兵隊総監赤根武人は晋作と同じ村塾生の一人であったが、彼は恭順派政府と諸隊の関係を考えて、なんとか、諸隊を存続させようということだけを考えていた。そのためには、どんなことでも我慢することであるというのである。

晋作はそれが気にいらない。そんなことをしていれば、じりひんになるしかない。ここは、どんなことがあっても、大死一番、立ちあがる時であると考えざるを得なかった。

そう思うと、晋作には、武人の妥協が気にいらない。みすみす、チャンスを逃がしていく男にみえた。彼は、武人を罵倒しはじめた。そして皆が決起しないのなら、自分一人でもいい、萩に行って、藩主を直諫《ちょっかん》するといいだしたのである。それでも、誰も立ちあがろうとする者はいなかった。

死を覚悟して一人下関に走る

十二月十二日、晋作は、長府藩の大庭《おおば》伝七にあてて、
「暇《いとま》を告げず、下関に走るのを許していただきたい。筑前で、野々村勘九郎に五両借用したが、その返済を宜しくお願いする。
死んだら、墓前で、芸妓を集めて、三味線でもならしていただきたい。
墓の表には
故奇兵隊開闢《かいびゃく》総督高杉晋作即
西海一狂生東行墓
游撃将軍谷梅之助也
と書き、裏には、
毛利家恩顧臣高杉某嫡子也
と記してほしい」
という手紙を書いて、下関に走った。彼としては、奇兵隊創設のことが、一番快心のことであった。
だが、下関行きには、死を覚悟していたのである。

わずかに二隊の協力を得る

下関には、力士隊隊長の伊藤俊輔がいた。晋作が俊輔を説得したところ、俊輔は共に立つとい

う。力士隊員であり、美濃藩の脱藩士である所郁太郎が横から勧めたことも原因した。

喜んだ晋作は、ふたたび、長府にひきかえし、今度は、遊撃隊隊長の石川小五郎を説いた。ここでも、水戸浪士の高橋熊太郎が、極力晋作に協力すべきことをいってくれたのである。郁太郎といい、熊太郎といい、結局脱藩の志士の決断力が、彼の決起を助けることになったのである。

晋作が、その時、玄瑞の路線を思いだしたかどうかはわからぬが、それは十二月十四日のことである。

十五日を決起の日ときめて、まず、下関の奉行所を襲うことにした。下関には、藩の金融機関もあったし、軍資金を集めるのにも都合がよかったからである。

晋作は、功山寺にいる三条実美らに別れを告げたあと、その夜半、降りつもる大雪の中を、鎧、甲に身をかためた颯爽たる姿で、長府を後にして、下関に向かった。総勢数十人にすぎなかった。

困難は多いが決意ゆるがず

そして、翌朝には、もう下関の奉行所をその勢力内におさめ、米や金を徴集するという電光石火の早業であった。その日、晋作は下関に次のような掲示板を立てた。

「奸吏《かんり》どもは、おそれ多くも主君の御真意に反して、四辺の敵に媚び、御城をこわし、まことに言語にたえない所である。そこで、罪を正し、商農を安んじたいと思う」

一方では、決死隊を三田尻に派遣して、藩船三隻を奪い、それを下関に廻航した。これをみて長府に駐屯していた奇兵隊、八幡隊、膺懲隊は、十六日長府を出発して、移動を開始した。諸隊としても、現実に晋作が決起して、効果をあげつつあるのを見て、じっとしていることはできなくなったのである。

保守恭順派政府は、直ちに藩令を発して、諸隊を圧迫にかかった。

「諸隊の者には、どんなことがあっても、米や銀を一切貸さないこと。

諸隊の者には、食物そのほか、一切、売らないこと」

それと同時に藩主の名前で、追討の命令を出した。

晋作としては、全く残念でたまらない。君側の奸の讒言《ざんげん》だと思うが、どうにもならない。人生の事は、棺をおおうてからきまるというが、できれば、生前に自分の心が藩主にかわってもらえたらと思いながら、政府軍と真正面から闘う決意を改めて固めるのである。

「どんなことをしてもこの恥をそそがねば」

そこへ、十九日に、前田孫右衛門、毛利登人、山田亦介《またすけ》、松島剛蔵、渡辺内蔵太、大和邦之助、楢崎弥八郎が斬られたとの報告が入った。

いずれも、彼等の仲間である。晋作は歯噛みをして口惜しがった。彼の蜂起の犠牲であることはあきらかである。二十五日には、さらに、彼等の棟梁的存在であった清水清太郎にも切腹が命じられたのである。

晋作はいよいよ、保守恭順派政府をおしつぶさなければならぬと決心すると、各方面に軍資金の調達にのりだした。吉富藤兵衛に送った彼の手紙には、

「困難は日毎にせまり、防長二国も遂に、幕府のために蹂躙されてしまった。このときにあたって、防長二国の民は、どんなことをしてもこの恥をそそがねばならないと考え、有志の者で義挙をあげました。少々、金が入用なのだが、なかなか金を出す者も少なく、困っている。老兄が、四、五百の金をめぐんでくれれば、大変助かる」

と書いている。

各地に檄をとばし政府軍を打破していく

十二月二十七日、征長総督徳川慶勝は、征長軍に解散の命令を出した。征長の目的は達したとみたのである。それに、彼等にとって、長州藩の内部抗争は得になれ、決して損にならないことであった。やりたいようにやらせておけばよい。

征長軍の解散は、晋作たちにとっても都合のよいことであった。

あけて、慶応元年（一八六五）一月二日、晋作たちは、再び下関の奉行所を襲い、各地に、

「奸党とは、ともに天を戴けない」

という檄文をとばした。

とくに、奇兵隊軍監の山県狂介、御楯隊隊長の太田市之進には、晋作自らの手紙を送って、決

起を促したのである。この時、すでに赤根武人は晋作と意見を異にしたことで、奇兵隊を脱して九州辺に脱出していたので、狂介が奇兵隊の指揮をとっていた。

晋作のこの呼びかけに応じて、移動を開始していた諸隊も、いよいよ立ちあがることに決まったのである。

一月六日、晋作たちは、粟屋帯刀にひきいられた政府軍の先鋒隊をうちやぶり、十一日はその本隊を撃滅した。

一方、同じ七日、山田顕義、品川弥二郎、野村和作など松陰の門下生達は、五十余名で、小郡の代官所を占領し、秋本新蔵、林勇蔵たち庄屋に、銀三十五貫目の提供を乞うた。これと共に、村役人、豪農層二十八名は庄屋同盟を結成して、晋作たちを援助するように申しあわせたのである。山口も彼等の手に入った。

ついに長州藩の再起なる

こうして、晋作たちは着々と地盤を固めていった。

萩では、中立派の杉徳輔、杉梅太郎（松陰の兄）たち多数が、一月十五日に藩主に会い、「こんなことをしていると、農民は一揆をおこしかねない。現にそういう噂も出ている。なんとか早く藩内の争いを鎮めてほしい」と訴えた。杉徳輔達に賛成する者は、その後、どんどんふえて、二百人をこえるほどになった。彼等はその後も、つぎつぎと献言した。

藩主は、ついに前政府員の山田宇右衛門、兼重譲蔵たちを起用し、椋梨藤太、岡本吉之進を転出もしくは免職にして、事態を処理することに踏みきった。下獄していた人達も次々と獄を出た。その時になって、はじめて、奇兵隊や諸隊は、萩への進撃態勢を解いたのである。二月二十七日以後、長州藩政府は再び討幕派とその同調者によって占められた。晋作の果敢な決断力と強い行動力が生みだした成果である。恐らく、彼にとって、奇兵隊の創設と同様に十二月十五日の下関進撃は、快心のことであったろう。

新しい舞台

晋作、イギリス行きの準備をする

晋作は、藩論を統一できたのに満足した。だが、一時的にせよ、藩主に反抗したことは心苦しかった。彼は、この時まだ君臣との間の道徳は封建道徳であるという考えを乗り越えてはいなかった。だからとて切腹するのは馬鹿馬鹿しいと思えた。そんなとき、大村益次郎から、イギリスに行ってみてはどうかという話をもちかけられたので、それに飛びついた。

大村益次郎や志道聞多たちの世話で、渡航費一千両を受け取った晋作は、御楯隊隊長の太田市之進、八幡隊隊長の堀真五郎、膺懲隊隊長の赤川敬三、南園隊隊長の佐々木男也《おなり》、奇兵隊の軍監山県狂介に、

「萩表のことは、政府にまかせ、諸隊の諸君は分担して、藩の外から攻めてくる敵を防禦することが急務である。諸隊は、それぞれの地点を固めているから、四隣の敵兵は恐るるに足らないと思う。この上は蒸気軍艦を購入することである。諸隊の経費は、無用に高禄をはんでいる者の禄

を割く以外に方法はなかろう。

下関も日本を辱かしめない形で、開港するのがよかろう。

僕が留守をする間は、万般よろしく、お願いする」

という手紙を残して、先年、イギリス留学を中途でやめて帰国した伊藤俊輔と一緒に下関へ、更に長崎へと向かった。英国商人グラバーに渡航の世話を頼むためである。

下関開港が先決だ

ところが、グラバーは、今は洋行するような時期ではない。下関を開港するのが先決であると、晋作を説得した。

彼はなるほどと思った。下関を開港すれば、利益もあがる。藩に必要な武器も軍艦も買いやすくなる。

さっそく、下関にひきかえした晋作は、志道聞多を説き、更に政府を説いた。政府もその気になった。政府はそれをきっかけに、下関の支配権を、支藩の長府藩、清末《きよすえ》藩から取り上げ、そのかわりに、替地を与えようとした。だが、長府藩としては、収入源である下関を手放したくなかった。折も折、隠密裡に進めていた下関開港のことが世間に洩れたので、それを押しすすめている晋作たちを暗殺しようとする者が出てきた。なんといっても、長州藩には、攘夷熱がまだまだ強い。ことに、長府藩士のなかには、藩の利害とからんで、「高杉を斬るべし」という声が強くおこった。

反高杉派をのがれ燕石のもとに潜伏

それを知ると、晋作は俊輔と聞多を誘って下関を脱出した。晋作は下関から四国に渡り、道後温泉に一週間滞在した。彼には、洋行費の一千両が手許にあったので、金に困ることもないままに、懇意な、おのうという女性を連れて行った。逃避行を女と一緒にする。大胆というか、呑気というか、いかにも、晋作らしいところでもある。

それから、日柳《くさなぎ》燕石のところに潜伏した。野村和作あての手紙には、

「日柳氏は博徒の親分で子分は千人ほどもいるし、学問や詩歌も、役にたたぬ学者の到底およぶところではない。彼も私をさかんにひきとめるので、当分はここに潜伏するつもり」

と書き送っている。燕石は松陰も推奨し、玄瑞も、

「性、任侠を好み、酒と賭博を楽しむが、また、喜んで書を読み、詩を作る。もって、ともに交際するに足る男である」（富永有隣への手紙）

と記した人物である。

晋作はここで、藩のことをあれこれ考えて眠れない夜もあったが、他国で、長州藩の評判がそれほど悪くないのを聞いて、希望もわいてくる。今は、ただ辛抱する時と、自分をなぐさめる。

長州再征に対する薩長の動き

桂小五郎は、但馬の潜伏先から、五月十八日、山口に帰って来た。幕府が第一回の長州征伐に不満で、長州の再征をやるという噂が聞こえてきたからである。早速、小五郎は、藩体制の強化にのりだした。大村益次郎を起用して、軍の洋式化を更に強力におしすすめた。また、恭順派の椋梨藤太、岡本吉之進たちを断罪して、幕府に対抗する姿勢をかためた。

大村益次郎（1824～69）
長州藩出身の軍政家。

それと同時に、小五郎は手紙をやって、晋作と、豊後に潜伏中の聞多を呼びもどした。俊輔の方は逃げおくれて、下関に潜伏していた。晋作たちを迎えた長州藩の態勢は、もうこれ以上には強化しようがないという陣容にまでなったのである。

閏五月一日に、坂本竜馬が下関に乗りこんできた。竜馬は土佐藩士だが、土佐藩での改革運動に見切りをつけて、文久二年に玄瑞に会ったあと、脱藩したことはすでに述べたとおりである。その後、幕臣の勝海舟から、いろいろ指導を受けた後、この年の五月、長崎の亀山に社中をつくり、貿易事業をはじめたばかりであったが、幕府が長州を再び攻めようとしていることを聞いたとき、それにあたるためには、薩摩と長州が連合する以外にないと考え、中岡慎太郎と話しあって、薩長連合のために一肌ぬごうと、慎太郎は薩摩に、竜馬は長州にやってきたのである。

この頃には、すでに、薩摩の西郷隆盛なども、

「近ごろ、幕府は、再び長州征伐をやろうとしていますが、今度は、幕府だけで攻撃すべきだと思います。私どもの藩も、私事の戦いに兵をさしむけようと思いませんから、断然お断りすることにしています」（月形洗蔵への手紙）

といって、幕府を見限っていた。

幕府の、長州再征によって、その権威を回復し、諸藩を抑えようとする意図が、露骨に見えたからである。

薩長連合に努力する竜馬

竜馬は、こういうことを見通して、薩長連合に乗り出したのである。

すでに、五月十六日には、将軍家茂は親征と称して江戸を出発していた。

竜馬は、六日、七日、八日の三日間、小五郎や晋作をはじめとして、長州藩士を説得してまわった。長州藩士にしてみれば、禁門の変以来、薩摩はともに天を戴かずというほどの憎い敵である。玄瑞や又兵衛たちも殺している。それは、かつて一度は、同志と思ったことがあればこそ、裏切られた後の怒りは大きかったのである。会津はもともと敵と思っているからそれほどではないのだが、薩摩はそれ以上に憎いのである。恨みがこもっているから、憎しみはなおさら強い。

しかし、竜馬は忍耐強く、その怒りや恨みをときほぐしてゆき、ようやく、では、西郷隆盛に会ってみるというところまでこぎつけた。

慎太郎が、上京の途中に隆盛を連れて寄ることになっていた。だが、隆盛は来ないで、慎太郎だけが一人しょんぼりとやってきた。小五郎たちが怒ったのはもちろんである。はては、竜馬や慎太郎までを責めたてる。

竜馬は、必死に小五郎をなだめた。幕府の潜在力を知悉している竜馬には、どんなことをしても、薩摩と長州を連合させなければならなかった。薩長が連合すれば、他の藩も同調する可能性もあった。竜馬にとっては、薩長連合は、日本が近代的統一国家にむかって歩みだすための貴重な一里塚であったのである。

坂本竜馬（一八三五〜六七）
土佐藩士、海援隊々長。京都で暗殺される。

ついに小五郎は怒りをおさめた。竜馬たちにまかせようと言い出したのである。そのかわり、幕府に邪魔されて、武器の購入がうまくいかないから、薩摩藩の名義で武器を購入してもらえたらという交換条件を出した。竜馬は武器購入のことは亀山社中にやらせることにして、隆盛のあとを追って、いそいで、京都にのぼった。隆盛を説くためである。

長州から武器購入のため、長崎におもむいた聞多と俊輔は、亀山社中の世話で、八月に、小銃四千三百挺を買い、十月には、甲鉄艦まで購入する。

閏五月二十二日、京都に着いた家茂は、朝廷に長州再征の勅許を乞い、九月二十一日になって、長州再征の勅許は下りた。しかし、第一次の征長軍総督であった徳川慶勝は再征の理由がわからぬといい、副将の松平茂昭《もちあき》も大兵を動かすと、人民は何をするかわからぬという。これに反して、長州藩は、藩をあげて、幕府軍を迎えうつ準備に忙殺されていた。

晋作、病いを自覚し始める

だが、晋作は、この頃から、もう自分の病気を自覚しはじめていたようである。結核という自覚症状まではなかったにせよ、病気は相当に重かったのではなかろうか。

七月三十日に狂介にあてて書いた手紙には、そのことが感じられる。

「拙者も、三日前より、大腹痛にて、はなはだ困っています。耳も聞こえないので難渋しています。幕府軍が四境に迫るまでは、なんとか生きていたいと思います。

毎日、神様に祈っているような次第、お笑い下さい」

晋作の気力が、その病いを乗り越えさせていたのかもしれない。それにつけても、気力が衰えるということは恐い。かつて、神仏など、思ってみたこともない自分が、いつのまにか、神仏を祈っているのだ。そう考えると、幕府軍を迎え討つと決めている藩主のことが、心配になってきた。

藩主の気迫を高めるため直諫する

かつて、長井雅楽に乗じられ、昨年は、椋梨藤太たちの保守恭順論にたぶらかされたことのある藩主である。九月十三日、ついに、藩主に直諫する。

「一日も速やかに戦争がはじまることは、日本のためにも、我が長州が名誉を回復するためにも最もいい機会であります。幕府の温情や甘い言葉は、我が藩にとっては大害であります。

諸隊は強兵でありますが、重臣の領地はいたって兵力が弱いと思われます。それに、殿に直接つかえる臣下は強弱まちまちで、四境で戦争が始まったら、必ず殿の御傍《おそば》より、臆病説がおこると考えます。

その大害を生ぜしめないのは、一に殿の御心次第であります。殿が御気迫を充実させておられれば、御膝下より臆病説がおこり、旧来のような俗論がおこることはありますまい。

でも、少しでも、殿の御気迫が衰えれば、その間隙に乗じて、臆病説がおこり、俗論が再興すると考えられます。その時は、四境に闘う兵士たちも、あとのことが心配になり、ついには、大敗北にいたるかもわかりません。

だから、殿が御気迫を養われることが第一であります。

勝つも負けるも、殿の御心次第であります。前後をかえりみず、直諫致しましたことは万死に値すると思いますが」

多忙の中にも藩の統一に心くだく

晋作には、どう考えても、藩主は不安でならなかったのだ。だが、藩主に変わることも、藩主に変わり得る人物も見出せなかった。また、そういうことを考えることすらできなかった晋作である。

九月にも、病気を訴えている晋作であるが、その月の二十六日には、小五郎と一緒に海軍興隆用掛を命じられ、同時に、下関の越荷方《こしにかた》、対島物産取組の差図方《さしずかた》の職について多忙をきわめた。

さらに、十一月十七日には、米銀の総括引請の命を受けた。今や晋作は、下関の最高指揮者、いいかえれば、長州藩の経済を握る位置についたことになる。下関がそういう位置を占めていたからである。病気のことを考える暇もないほどに、働かねばならなかった。また、忘れるために働いたのかもしれぬ。

こうした中で、晋作は一日として長州藩を一本にすることを忘れたことはなかった。藩論は統一したといっても、藩全体がすっきりとまとまるということはなかなか大変である。それは藩主の気迫をたかめるよりもむずかしかった。考えようによっては、藩主の動揺は、藩士が対立し藩内がもめるところに起きるともいえる。小五郎が晋作にその悩みを訴える時もある。晋作は、「真の同志でも、時々意見が違うことがあるのが世間の習いだから、辛抱、辛抱」といって、激励することも、何度かあった。

薩長連合解決し洋行を考える

暮もおしせまった十二月二十五日、小五郎は晋作たちにすすめられて、上京の途についた。隆盛に会うためである。隆盛は、黒田清隆を送って、五月の非礼をわび、上京を懇請して来たのだった。

小五郎は、弥二郎をつれて、翌慶応二年（一八六六）一月七日に京都の薩摩屋敷にはいったが、話は一向に進展しなかった。やっと一月二十日になって、上京してきた竜馬はプンプンになって怒った。薩摩や長州の面子と国家全体の問題といずれが大事か、と一喝したのである。この一喝で、薩摩連合は一挙に解決した。日頃怒ったことのない竜馬がこの時ばかりは激怒したという。

この報告を聞いたとき、晋作は、当面における自分の役割はおわったような感じがした。この際もう一度上海まで行ってみよう、ちょうど近く薩英会談も行なわれる筈だしそれに臨席してから、そのあと、そのまま上海に行けばよいと考えた。

彼は、さっそく小五郎にその周旋をたのみ、鹿児島に行こうと長崎まで出掛けた。三月二十一日のことである。しかし、長崎で、薩摩藩士から、「まだ鹿児島に行くのは危険である」と注意され、鹿児島行きを中止し、上海渡航の機会が来るのを待った。

その間、狂介に、聞多や俊輔への協力をたのむという手紙を出して、自分のいない後のことに心を配ったりする。

病気を忘れたかのように飛びまわる

そこへ、老中小笠原長行《ながみち》が広島までやってきて、四月二十一日までに敬親親子に出頭するようにという厳命が伝えられたということが知らされた。

そうなると、洋行などしておれないと、晋作は、オテント丸を独断で購入し、その船に乗って下関に帰って来た。帰国してみると、長崎で想像したほどには、状況は切迫していない。

オテント丸も、藩政府は買わないという。晋作は、その苦しみを、次のように小五郎に訴えている。

「四月二十一日を幕府と御手切れと本当に思いこみ、決断して購入した。そのことを後悔していますが、遠からず、戦争になると考えます。その時に、この罪はつぐなえます。

どうか、船を購入して下さい。およばずながら、自分が乗り込んで、船と共に倒れるつもりです」

結局、志道聞多の奔走で、船は購入することになり、船名は、丙寅丸《へいいん》と改められた。

晋作は、まるで、元気な人のように、飛びまわっていた。狂介にあてた手紙には、

「太平が久しくつづくとやりきれない」

とも書いている。それは、ちょうど、老先の短い人間が、自分の生きている間に、あらゆる仕事の見通しだけはたてておきたいと思うせっかちさにも似ていた。

長州兵のいく所連戦連勝

十二日夜、晋作は丙寅丸一艦で、幕府の艦隊になぐりこみをかけた。ほとんど被害を与えることはできなかったが、敵に精神的打撃を与えたことは大きかった。十四日には、丙寅丸の快挙の後をうけて、第二奇兵隊は大島への進撃を開始し、一日の戦闘で失地を回復してしまった。

長州兵は、芸州口でも、石州口でも連戦連勝である。さらに、十七日には、乙丑《いっちゅう》丸にのりこんだ坂本竜馬と一緒に、軍艦五隻でもって、小倉方面の敵を敗っている。奇兵隊と共同作戦をとったことはもちろんである。

晋作は、極力、小倉藩を孤立にもっていこうと苦心した。九州諸藩を刺激することは得策でないと考えて、肥前、筑前、肥後、久留米、柳河藩などには次のような投書を送りこんだ。

「今度小倉藩の兵隊を掃攘《そうじょう》するのは、幕府のこれまでの不条理に加えて、広島に使した者達を理由もなく拘留したからである。加えて、七日頃より、領内の諸島を襲撃し、数多の民家を焼き、罪もない人民を斬り殺し、暴悪のかぎりを尽している。

これは、堂々たる朝廷軍の仕業ではなくて、姦吏の陰謀であることは間違いない。よって、やむを得ず、義兵をあげ、その曲直を正さんとするものである。決して、貴藩の境界を犯すものではない。

速やかに、人民安堵、おのおのよろしく、その職を尽すべき諭告をお願いするだけである」

また、晋作は、敵地の百姓たちまで味方にしようと考えた。

「土民困窮の者に、救い米をわたし、人望を得るようにしなければならない。土民中、少し物事を解する者は、わが間者《かんじゃ》にし、敵の様子を探索させるとよい」

それに、敵を攻める時の晋作は慎重である。

「今、一生懸命に小倉城を攻めれば、攻め落とすことはできるが、無益の力を費し、沢山の兵隊を殺す。その功が少ないのみでなく、戦わずして、敵に勝つという兵法にもとる」

晋作が床についたのは、二十一日のことである。だが、数日やすんだだけで、また全軍の指揮をとるというふうに連日活動した。そして、それは、八月一日の小倉城落城までつづいた。しかし、床についた晋作は再び起きることはできなかった。

一揆まで続発し幕府軍完敗する

七月二十日に、将軍家茂も死んだ。二十一歳の短い生涯を閉じたのである。八月二十一日には、天皇の休戦命令が出て、幕府軍はいよいよ戦意を喪失してしまった。

九月二日、幕府は、軍艦奉行勝海舟を派遣して、長州藩代表広沢兵助との間に、休戦条約を結ぶところまで追い込まれた。それというのも、連戦連敗ということもあったが、越前藩主松平茂昭が心配したように、各地に、打ちこわしや世直し一揆がおこったからでもある。それは、征長軍の本営である大阪を中心に、江戸から関東一円にまでひろがっていった。彼等は口々に、

「世直しのための打ちこわしをやるんだ。オノやマサカリ、ノコギリをもって出てこい」

とどなってまわったし、
その群衆をつかまえて、主謀者は誰かと尋問すれば、

「主謀者は大阪城にいる」

と答えるありさまであった。

しかも、時が経つにつれて、それは全国にひろがっていったのである。そうなってくると、出兵している藩も戦うどころではなかった。家茂が死んだと聞くと、さっさと、兵を引揚げていく藩まででてきた。

戦いは、完全に、幕府の負けである。

幕府は長州一藩に敗れさったのだった。もちろん、薩摩藩など、幕府の命令を拒否して、長州征伐に参加しなかったということもあるが。薩長連合は、こうしてはっきりと実を結んだのである。

心残るは望東尼のことのみ

江戸のうちこわし

晋作が、実際にその全軍指揮の位置を去るのは、休戦命令が出た翌日だった。それまで、気迫と意志で頑張りとおしたのである。だがすでにこの頃には、血痰がまじり、胸痛を覚えるところにまで、病気は進行していた。晋作は再びたてないことを知悉していた。随分、酒や女で無茶をしたし、思う存分の活動をするために、無理を承知で過労もしていた。

だが、防長二国を強化して、幕府に一撃を加えることができたことは満足であったろう。晋作には、唯一つのことを除いて、もう何も思い残すことはなかった。あとに残った人達が幕府を倒してくれることも信ずることができた。

その一つとは、昨年末以来、彦島に流されている野村望東尼のことである。野村望東尼には、一昨年、筑前に亡命したときに世話になっている。その後、筑前藩では、佐幕派の力が台頭し、討幕派の月形洗蔵たちは断罪になり、その時、彼女も連座して島流しになっていたのである。

晋作の死

最後まで活躍する晋作

慶応二年六月五日、老中小笠原長行は幕府軍に進撃の命令を出し、七日には、幕府の軍艦が大島を攻撃した。八日には、幕府軍の伊予松山藩の兵隊が大島に上陸した。海軍総督である晋作は、第二奇兵隊、洪武隊と一緒に、占領された大島を攻めることになった。といって、軍艦や大砲の力を、まず思いきり使うのである。兵隊を無用に損傷することを、できるだけ避けようとする。

七月三日には、晋作は、小倉口の陸海軍参謀となり、すべての戦闘を指揮するようになった。彼の投書が効果を発揮したか、肥後藩や久留米藩などの諸藩は動こうとせず、小倉藩は完全に孤立してしまった。勝負はもう時の問題である。

「己惚れで世は済みにけり歳の暮」

そんなとき、晋作は病の床についた。七月、晋作にはもはや自分で望東尼を救い出すことはできなかった。やむなく、藤四郎たちにそのことを依頼する。藤四郎たちは、九月十七日、夜に乗じて彼女を救い出して彼のところに連れてきた。

晋作には、もう何もいうことはなかった。欲をいえば、幕府を倒したあと、どんな日本をつくるかということが気になったが、その点では、自分にもわからないことだらけであったし、そのことは考えないことにした。

十二月二十四日の父への手紙には、

己惚れで世は済みにけり歳の暮

という一句を書き記している。晋作には、おそらく、自分の生涯が己惚れで生きてきたような気もするし、己惚れではなかったという気持にもなったのであろう。

慶応三年になると、萩か三田尻に移って気分を一新したいという気持をもらしているが、そうした中で、彼は自分の書く手紙に、気迫の衰えが現われるのを最も気にしている。

いかにも、晋作らしい気のつかいようである。が、この間にも、彼の病気はどんどん進行していた。

世紀の英雄晋作死す

慶応三年四月十四日、世紀の英雄晋作は死んだ。多くの人達に見まもられて。数え年二十九才であった。

臨終にのぞんで、望東尼と合作したのが、

面白き事もなき世に面白く

住みなすものはこころなりけり

という歌である。

前の句が、晋作の作である。彼は、面白くもなんともない世の中、それ自身には何の価値も意味もないとみたこの世で、徹底的に意味と価値を発見し、意味と価値を与えて、それを創造しようとした。そこに、ニヒリストの如く見えてニヒリストではない、価値の創造者として晋作の真《しん》面目《めもく》があった。そして、そこにこそ、生きる喜びというか、面白さを見出していた。

彼の狂歌に、

死んだなら釈迦や孔子におおいついて

道の奥儀を尋ねんと思え

というのがあるが、釈迦も孔子も、ともに過渡期に生きぬいた人達である。

彼等はもっともらしいことを言っているが、結局、面白くない世を面白く送るために、いろいろなことを言ったように思う。その本音をきいてみたいというのが晋作のいつわらぬ気持のようでもある。

晋作も玄瑞も日本の近代化に貢献した

晋作は死んだ。彼が考えたように、長州藩を強力にし、幕府に対抗できるだけのものにしてから死んだ。その点では、その実現を見なくても、それが実現することははっきりわかっていた。

玄瑞の路線では、新しき日本ができるという保証は一つもなかったし、実際にその路線で新しい日本も生まれなかった。その点では、晋作に凱歌があがったようにも見える。しかし、晋作は玄瑞の路線を育てる努力をしなかった。そのために、彼の路線で新しい日本は作れたが、藩閥を作るもとをなし、明治以後の日本は、そのために長い間悩まされることになる。もちろん、これは晋作のあずかり知らぬことではあったが。

久坂玄瑞、高杉晋作 略年譜

参考文献一覧

久坂玄瑞、高杉晋作略年譜

西暦	年号	玄瑞事項	年令	晋作事項	年令	国内国外事項
一八三〇	天保　元年					吉田松陰、武市瑞山生
一八三一	二年					長州大一揆おこる
一八三三	四年					桂小五郎生
一八三五	六年					坂本竜馬、五代才助生
一八三七	八年					大塩平八郎の乱、入江杉蔵生
一八三八	九年					高野長英「夢物語」、渡辺崋山「慎機論」著　中岡慎太郎生
一八三九	十年			晋作、生まれる	1	蛮社の獄
一八四〇	十一年	玄瑞、生まれる	1		2	アヘン戦争おこる 岡部富太郎、山県狂介生
一八四一	十二年		2		3	伊藤俊輔、吉田栄太郎生 渡辺崋山自刃
一八四二	十三年		3		4	野村和作生
一八四三	十四年		4		5	品川弥二郎、寺島忠三郎、有吉熊次郎生
一八四四	弘化　元年		5		6	山田顕義生 オランダ、日本に開国を説く
一八四五	二年		6		7	高野長英脱獄　英船長崎に来る

一八四六		三年		7		8
一八四七		四年		8		9
一八四八	嘉永	元年		9	疱瘡にかかる	10
一八四九		二年		10		11
一八五〇		三年	松陰、九州旅行	11		12
一八五一		四年	松陰亡命して東北に旅に出る	12		13
一八五二		五年		13		14
一八五三		六年	松陰露艦に乗じて海外を見聞せんとして果さず	14		15
一八五四	安政	元年	兄玄機死、父良迪死	15	松陰下獄	16
一八五五		二年		16		17
一八五六		三年	九州旅行に行く この年初めて松陰に手紙を書く	17		18
一八五七		四年	松下村塾生まる	18	村塾に入門	19

8	米艦浦賀に、仏艦長崎に来る
9	伊予、肥前に百姓一揆
10	フランス二月革命 「共産党宣言」発表
11	英船浦賀に来る 幕府諸大名に沿岸警備を命ず
12	太平天国の乱 米、日本の開国を議決
13	江戸の米価高騰
14	露船下田に来る
15	ペリー浦賀に、プチャーチン長崎に来る
16	日米和親条約調印　英、露とも締結
17	江戸大地震、藤太東湖圧死
18	幕府蕃書調所を設く
19	英仏連合軍中国に遠征

一八五八	五年	江戸遊学　梅田雲浜に遊ぶ　松陰、間部要撃を計画	19	江戸遊学、昌平黌に学ぶ 玄瑞とともに松陰の義挙に反対	20	井伊大老の登場 日米通商条約調印 安政の大獄始まる
一八五九	六年	松陰との仲違い 帰国、西洋学所に入る　松陰の刑死	20	松陰との交渉深まる 帰国	21	前原一誠、吉田栄太郎罪名論で藩政府を追及　梅田雲浜獄死 頼三樹三郎、橋本左内刑死
一八六〇	万延　元年	晋作たちと論読会 蕃書調所に入学 （江戸）	21	軍艦教授所に入学 加藤有隣、佐久間象山、横井小楠を訪ねる	22	井伊大老桜田門外に仆る
一八六一	文久　元年	長井雅楽の航海遠略策と対決 伏見に潜伏 帰国を命ぜらる 「一燈銭申合せ」をつくる	22	世子の小姓役にあげらる 江戸に出る	23	露艦対馬占領 長州藩主ならびに長井雅楽、公武合体を主張

一八六二	二年	坂本竜馬が訪問する 雅楽を要撃せんとするも果さず 「廻瀾条議」をつくる イギリス公使館を襲撃 佐久間象山に会う	23	上海渡航 亡命せんとするも果さず「攘夷血盟書」をつくる 玄瑞たちとイギリス公使館を襲う	24	坂下門外の変 松浦松洞切腹 寺田屋事件 生麦事件 朝議、攘夷に決定
一八六三	三年	京都で活躍 八・一八の政変 三条実美たち山口にゆく 山口に帰国 井原主計に随って上京	24	剃髪して東行と号す 萩、松本に潜居 奇兵隊創設 知行百六十石を得る	25	五月十日を攘夷期限と定む 長州四ヵ国の軍艦を攻撃 薩英戦争 天誅組の変 生野義挙
一八六四	元治　元年	世子の京都進発反対 島津久光、松平春獄退京により世子上京に意見変る真木和泉、来島又兵衛の主戦論に反対する	25	脱藩して京都に走る	26	池田屋事件（吉田栄太郎死）

		真木、来島の意見に押さる		下獄		佐久間象山暗殺される
		戦死		四国艦隊の襲撃により外交正使となる		蛤御門の変
				主戦論やぶれ、福岡に亡命		入江杉蔵、寺島忠三郎、真木和泉、来島又兵衛死
				遊撃隊をひきいてクーデター敢行		第一次長州征伐
				伊藤俊輔活躍		長州藩謝罪
一八六五	慶応　元年			藩論統一　品川弥二郎、野村和作活躍　脱藩して、伊予に走る	27	第二次長州征伐
				海軍興隆用係になる		竜馬たちの薩長連合の周旋始まる
一八六六	二年			海軍総督となる	28	薩長連合なる
				馬関口の海陸軍参謀病のため解職		薩摩、長州再征に出兵拒否
一八六七	三年			馬関で死去	29	坂本竜馬、中岡慎太郎暗殺される
						王政復古の大号令

参考文献一覧

〈書名〉	〈編著者〉	〈出版社〉	〈発行年〉
松下村塾の偉人久坂玄瑞	福本義亮	誠文堂	（昭和九年）
東行先生遺文	東行先生五十年祭記念会	民友社	（大正五年）
高杉晋作	奈良本辰也	中央公論社	（昭和四〇年）
吉田松陰	池田　諭	弘文堂	（昭和三九年）
吉田松陰	奈良本辰也	岩波書店	（昭和二六年）
木戸孝允伝	妻木忠太	明治書院	（昭和二年）
品川弥二郎伝	奥谷松治	高陽書院	（昭和一五年）
大村益二郎	田中惣五郎	千倉書房	（昭和一三年）
坂本竜馬	池田　諭	大和書房	（昭和三九年）
佐久間象山	大平喜間多	吉川弘文館	（昭和三四年）
梅田雲浜	北島正元	地人書館	（昭和一八年）
防長回天史	末松謙澄		（明治四四年）
明治維新政治史研究	田中　彰	青木書店	（昭和三八年）
明治維新の権力基盤	芝原拓自	御茶の水書房	（昭和四〇年）
明治維新論	石井　孝	吉川弘文館	（昭和三六年）
吉田松陰全集	山口県教育会編	大和書房	（昭和四七年）
松下村塾の人々（日本人物史大系）	奈良本辰也	朝倉書房	（昭和三五年）
長井雅楽	三坂圭治	雅楽顕彰会	
奇兵隊史録	平尾道雄	河出書房	（昭和一八年）
前原一誠伝	妻木忠太	積文館	（昭和十年）
明治維新	遠山茂樹	岩波書店	（昭和二六年）
明治維新	井上　清	東大出版会	（昭和二六年）

池田 諭（いけだ・さとし）
１９２３年広島県生まれ。広島文理大学文学部卒業。新潮社嘱託を経て文筆活動に入る。１９７５年没、享年52。
『坂本竜馬』『高杉晋作と久坂玄瑞』（共に大和書房）など著書多数。

高杉晋作《たかすぎしんさく》と久坂玄瑞《くさかげんずい》

1966年1月25日　第1版第1刷発行
2015年2月28日　新装版第1刷発行

著　　者　池田《いけだ》 諭《さとし》
発 行 者　佐藤 靖
発 行 所　大和《だいわ》書房
東京都文京区関口１—33—４
電話０３（３２０３）４５１１

装　　幀　菊地信義
本文デザイン　新田由起子（ムーブ）
本文印刷　シナノ
カバー印刷　歩プロセス
製 本 所　ナショナル製本

ISBN978-4-479-86025-9

http://www.daiwashobo.co.jp/

現代においては不当、不適切と思われる表現もありますが、作品全体の歴史的価値を重んじ、そのままの表現を用いている箇所があります。